假如生活在清朝

欧阳茜茜 著

中国法制出版社
CHINA LEGAL PUBLISHING HOUSE

最后一个王朝的惊鸿回眸

清朝近三百年的历史如浩浩江河源远流长，波澜起伏，气象万千。本书由宫廷移向社会，涉及社会各层面，详细介绍了清代达官贵人的锦衣玉食、市井小民的野趣俗情，信笔直书，妙趣横生。

清代作为中华历史上风云激荡、社会巨变的一个特殊时期，在历史民俗上也有其特殊性，原因有三：第一，清朝是由少数民族建立的、多民族统一的政权；第二，清朝是封建社会最后一个王朝，是中国古代历史的终点；第三，清朝是半封建半殖民地社会和中国近代史的开端。

清朝入关以后，在社会生活上，一方面极力推行满族的风俗制度，一方面对汉族和其他少数民族的传统风俗采取了兼容并包的办法。同时，汉族和其他少数民族也从开始的抵抗到逐渐接纳满族的风俗文化。中国传统风俗在清朝不仅得到全面继承，而且其程序更加繁多，内容更加庞杂，规模更加盛大。这就是多民族民俗文化融合的成果。

社会经济的发展和繁荣，封建的统一多民族国家的最终形成和巩固，政治局面的相对稳定，这一切促使清代前期出现了封建盛世。而这也为清代民俗的兴盛，奠定了坚实雄厚的物质基础，

但中国传统习俗传至清代，有的已发生了变异，这中间分部分变异和全部变异两种。如清代男子的发式，就由明代束发习俗改为剃头留辫，即属全部变异。又如花朝节演变成春龙节，其节日的核心意义与踏青、祈丰收有关，但由于加入了撒灰引龙之俗，所以也就发生了部分变异。再如清代婚俗承袭的是古

六礼，而且比六礼更浩繁、复杂，其变异则体现在形式上。

可以说清代是中国传统民俗活动最繁盛，流传空间最广的时代，因此，也就促使一些古老的民俗事象在交融与碰撞中形成了新的内容和表现形式，这体现在节日习俗、婚嫁习俗、服饰习俗等多方面。在这沧桑巨变近三百年的历史中，清代社会生活发生了剧烈变化！

鸦片战争以后，西方列强的政治、经济和文化的输入，也对中国人的社会生活产生了深远的影响，使之发生了变革变异。

因此，若是生活在清朝，那么您的生活体验就是：多元化。

清朝虽然是我国最后一个封建王朝，但其繁盛程度却远胜从前。

本书不仅详细介绍了清代衣食住行等方面的特色和变化，解析了引起清代衣食住行变化的政治和社会环境，不同阶层和民族在这些方面的差异；而且还详细解读了近代以来，在外来文化强烈冲击下，传统衣食住行方面所发生的巨大变化。

生活在这个时代，人们的生活方式和饮食习惯究竟是怎样的？对于婚嫁风俗、娱乐休闲等现代人也很关注的话题，清代人又是如何应对的？他们在没落前，又经过了怎样的繁华盛世？

本书用生动有趣的语言，带您一起领略中国最后一个封建王朝的时代兴衰和风俗人情。

目录

第一辑　锦年蜜食，唇齿生津

第二辑　琳琅环佩，满汉罗襦

第三辑　朗朗盛世，恣意娱嬉

第四辑　桃李东西，知己南北

第五辑　桃夭宜家，辛酸谁知

第六辑　少儿初长，寸草春晖

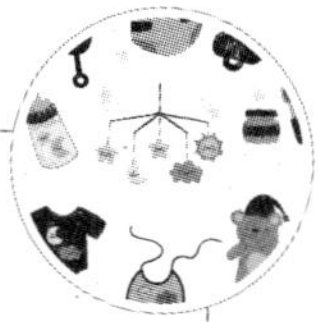

第七辑　四季更迭，风俗不移

第八辑　诗文雅技，共话桑麻

第九辑　漫游乾坤，风尚天下

第十辑　繁花锦绣，无关风月

第一辑

锦年蜜食，唇齿生津

第1章

饮食有阶级，珍馐与风味难融合

在封建时期，无论饮食在选材、制作、场所等方面发生了多么巨大的变化，饮食的本质都未曾变化，外因赋予饮食的阶级性也一直都在。在等级意识森严的清朝，饮食的阶级性更是非常显著。

如果说，豪绅地主吃的是玉盘珍馐掩映下的文雅，官僚吃的是宦海沉浮一生赢来的排场，那么身为九五之尊的皇帝吃的则是浩大声势下的孤独。

清朝饮食规矩很多，宫廷尤甚。卯正时刻，一声“传膳”层层而过传至御膳房内，几十名穿戴齐整的太监抬着大小七张膳桌，直奔传膳点——或寝室，或行宫，或皇帝常常活动的其他地方。随后冰糖炖燕窝一品、春笋炒肉一品、燕窝鸭丝一品、炒鸡家常杂烩热锅一品、万年青炖肉一品、竹节卷小馒首一品等各色点心，米膳，粥品，咸菜共计120道摆满膳桌，皇帝在侍膳太监伺候之下开始了他一日的首餐。

午未之间，晚膳就已经备好，从菜品种类到甜汤数量，严格按照一代帝王既有规格进行。宫内有时会在膳桌旁另设小桌，妃嫔或宠臣立于一侧，品尝圣上赏赐的美食，这是一种恩宠，更是一种荣耀。

酉时，御膳房早已为皇帝备好蓬蒿饼、蓑衣饼、糖饼、盲公饼、松花饼、甘菊花饼及雪花糕、萝卜糕、白雪糕、云英糕、蔷薇糕、豆沙糕、黄豆酥、栗子酥、三层玉带酥等二十余种糕饼。在劳累一天之后，吃一碟样式精美、口感精妙的点心，既饱腹又是舌尖上的享受。可以说，清代面点、豆制品的制作及食物加工技术的进步为皇帝的饮食提供了丰富的选择。

7 张膳桌，120 道菜品，却仅有皇帝一人的饮宴，纵然有礼乐相伴也难免有些孤单。

每逢大宴，则后宫妃嫔、王子贝勒、朝臣百官一同出席，这种时候无论是点心、果盒还是所用餐具的形状、名称均有严格规制和区别。

皇帝独坐金龙大宴桌一头，皇后、妃嫔、王子贝勒、文武群臣按地位和身份依次而坐。满席分六等，不同身份坐不同位置，不能有一点差池。

皇帝每传酒膳、粥膳则必有礼乐相伴。丝竹声绕耳，美人萦绕。美人、美乐、美食浑然天成，这是视觉、听觉、味觉的极大享受，却也是等级制度之下的冰冷枷锁。

一脚迈出紫禁城，民间官僚士绅家族中的等级讲究也颇为复杂，其中尤以山东曲阜孔氏最为典型。孔府又称“衍圣公府”，因时常要迎迓祭孔与东巡的皇帝，故规格与皇宫内院颇为相似。

孔府要宴请贵客，内外厨房及小厨房早早就得开始准备。大厨们下刀如风，手法利落，每一种食物在他们手上都将变化成一件艺术品。鱼虾、鸡猪

羊牛肉和蔬菜，这些常规的食材今晚将在大厨的手里实现最华丽的蜕变。

孔府的厨师最是精通饮食烹调的，从最初的刀工雕刻、煎炸烹煮到玉盘碟碗的选择，再到茶盏玉箸的区别，每一个步骤都马虎不得，容不得丁点差错。

片刻，贵客光临，孔府人员早已列队恭迎，四大碗的燕菜席也早已备好。燕菜席是孔府宴中规格最高的一种，39 道珍品一一摆上，49 种鸡鸭类道道不同，27 种鱼虾类、19 种肉类率先亮相，膳桌几乎就要摆放不下。每一道菜食材运用精妙，菜名更是考究至极。饭罢，二十余种甜品类，十余种果脯汤茶成为这桌宴席最后的点睛之处。

过几日孔府小女出嫁，接待亲友无可避免，但这样的宴席已经不必那样奢华，只需日常节日的海参席即可。而菜色则一定要根据宴请客人身份进行选择，阶级之分在这里体现得格外森严。这里的饮食，美则美矣，却少了点食物应有的温度。

若以人情世故来看一场官僚家族的宴会，美食在这里不仅仅是其食物本质的享受，更多的是其规格所赋予的身份的象征与肯定。多少人宦海沉浮，汲汲营营一辈子追求的无外乎身份的肯定。

与此同时，豪绅地主家的餐桌上也在进行着一场舌尖上的享受。

清朝豪绅地主的饮食生活精致考究，极尽奢侈，又各具特色与内容。既具钟鸣鼎食之家的大气又有书香世家的文雅。

秋时，京城豪绅地主家迎来了丰收，佃户按照规例送来大量的银两和物品。鹿、獐、狍、豪猪、野羊、青羊、野鸡、兔子、熊掌、鹿筋、海参、榛子、桃仁，以及各种米、炭等，供给豪绅整个家族的日常饮食、喜庆饮宴等。

在礼仪方面，他们既遵循传统之礼，又因辈分有别而各随其意。小姐会赏赐丫鬟几道美味，甚至为追求几分野趣还会亲自动手烤几个红薯，焖几个栗子。

午后，深宅大院喧哗一片，丫鬟婆子聚集在一起商量一道盐芽尖炖蛋的做法，这是府内小姐点名要吃的。府内大厨先取清明雨后头一茬的龙井茶尖在温水中泡发后，将茶叶梗摘去，只保留茶叶嫩芽，细细研磨后，放进白玉瓷碗里，打入鸡蛋，倒水调匀后，放入青竹做成的笼屉里，细火慢蒸。这期间人不能离开火炉，要不停察看，选择恰好的时机停火，否则炖蛋或过老或过嫩都不能达到最佳的风味。最后小磨香油、细盐、香醋、青蒜调好浇头，另盛小碟放置一旁，金黄色的炖蛋透出龙井茶叶的丝丝翠意。

从一道简单的炖蛋就可以看出，他们的饮食极其讲究样式精致而且风味独到，饮食在这里是一场真正的舌尖上的享受。

而在庶民百姓之间，饮食更多地是为了果腹。但因地区不同，饮食风尚亦不尽相同。以京城为例，街头巷尾常见银丝豆面、玉叶馄饨、蜜饯糖撒桃杏脯、撒子麻花、荤素馅炸三角、盘香饼、麻酱烧饼、油炸焦圈、马蹄烧饼、豌豆黄、艾窝窝、八宝莲子粥、杏仁茶、炒肝等寻常食物，偶尔还有商贩在卖自宫廷御膳流传出来的窝头、芸豆卷等，这些风味独特的小吃构成了这里百姓的日常饮食。

京城城郊之外大部分百姓，依然靠着耕地生活，他们日常多食用大麦、高粱、黍子等。

用石碾将高粱、大麦碾去外壳，在大锅里加水煮熟，就成了他们常吃的高粱饭。一些略有富裕的人家，还会把大麦碾成面粉，和面做成面条。一锅水烧开后放入面条，撒入几粒粗盐，配上一点蔬菜就是一天的美味。

在做饭时，盐的数量要严格控制好，十余口人一个月可能只有一小撮盐可用。

如果谁家饭桌上连续几日都能见到大麦饭，那足以证明这户人家生活富足。对于普通百姓而言，顿顿大麦饭已是极大的享受。

清代，自满人入关后，汉族、满族、蒙古族、维吾尔族等在某一方面实现了大融合，但饮食方面，他们依然保留着部分民族特色。

京城的满人吃得最讲究，满人擅长糕点制作，故素有“满点汉菜”之称。满人的糕点口感酸、黏、酥、凉，配上酸奶子、酸油、奶豆腐，酥香之中带着几分奶油的醇厚。

满人爱食肉，每逢亲友宴客，必宰牛杀羊，大火炭烤或水煮，豪放饮宴体现对客人的热情。

京城的满人还喜欢吃萨其马、酸奶和酪等食品。乾隆时期，仅是京城街巷里，凡糕点铺子，十之三四就有满族点心售卖。

塞北江南，天子庶民，餐桌上的一饭一蔬，舌尖上的一饮一啄，给我们最多的还是生活的温度。

第2章

无美食不狂欢

在清代，节日和美食密不可分，任何一场节日必然有相应的美食来应和。正如元旦新年里的瓜子果脯，除夕夜的饽饽，七夕节的巧果，中秋节的月饼，重阳节的菊花酒，腊八的腊八粥……我们总能在每一个节日中找到品味美食的理由。

新年纳福之际，许多家庭选择以什锦火锅，猪肉馒首、江米糕、腌鸡腊肉、野鸡爪、鹿兔脯等摆满桌子，中间再夹杂一些家中厨房自炒的菜品，添一个酒馆买回来的佳肴，不管谁来，不论亲疏远近，都得喝三盏淡酒。若是交情至深之人，喝个烂醉也无可厚非。

元旦时节，不少人把白面做成饽饽下锅煮食。富贵人家则会在饽饽中包上小号的金银锭子，谁无意中吃了出来，则寓意来年顺遂高升。

暖风催来立春时节，芳草菲菲。清代人将白面做成薄如纸的小饼，萝卜切成小条，搭配新鲜采摘的生菜，仔细卷成小桶状，一口下去，清爽中透出几分韧劲，京城人士俗称这一美食为春盘，吃春盘的行为形象定义成“咬春”，只是这一习俗在清代一直流传于北方各地，南方却很少见。

眨眼间上元节将至，京城里的集市早早热闹起来，顽童们走上街头翘首以盼的也不过是家中长辈给他们买上几个元宵。软糯的江米中间，或包上蜜枣，或夹入红豆碾磨成的豆沙，或是碎花生芝麻，甜腻丝滑里包裹着醇厚浓香，这是期盼了一整年的美味。

京城百姓在这一日会买糯米粉做元宵，用红豆做馅，圆滚滚地包了一锅，煮出来后的元宵同样圆滚饱满。一口下去，豆香四溢。贪吃的顽童盯着碗内的汤圆，鼓着腮帮子吹出几口气，然后一口吞下，烫得直跺脚，惹来长辈几句斥责和一阵哄笑。

吃过了元宵就到了正月二十五，京城人要过填仓节。这一天家家户户用粱黍、米面做成食物祭品，以祭仓神。有些人家为表示对神明的敬重，在这一天内更是只能吃米面食品，不可喝粥，以祈祷来年的谷仓满盈。

过了正月，二月二俗称龙头日，是新年后的第一个节日，大街小巷内飘逸着龙须面、油煎糕的香气。春社节也选择在这个月份进行。春社节即春社祭神活动，也称为祈年，大家欢聚一堂欢聚饮宴。祈福完成后，一位德高望重的长者将分发酒肉，大家大块吃肉，大口喝酒，欢笑舞蹈，用“散福”“饮福”的形式共同祝愿来年更好。

春去夏至，农历五月很快到来，田地禾苗成长正盛，民间也酝酿着一场盛大的狂欢。五月初五，端午节到来，京师的王府早早地买来红樱桃，黑桑葚，文官果，八达杏。家里的主妇们也穿戴齐整，淘米做角黍，挂着金银玉镯的手腕都在重复着同一个动作——包角黍。

待到夜幕初临，家宴就开始了。各类新鲜果蔬摆在桌上一角。白天新包的角黍被丢进沸腾的热水中，不一会儿，角黍变了颜色，捞出后热气腾腾地端上了桌。府内的老爷也会趁家中人团聚的时候，询问一番孩子们在书院中的成绩，出几个对子，猜几个谜语，一家人其乐融融，而后端起雄黄酒、菖蒲酒，共饮一杯，家宴这才正式开始。

清朝普通人家的家宴并无过多的规矩，倒是带着几分随意。府门外，端午节赏花灯的活动玩儿得正是性起；府门内，家里的角黍吃得也很是酣畅。

六月初六，正值盛夏，清代人大多在这一天熬上绿豆汤（俗称浆水），争相到祖坟进行拜祭，以解已故之人的炎热盛暑。

这一天同样是酿酒的好时机，有人会在这一天里到井中汲水，采集百草和酒曲混合后酿酒。

炎炎夏日，阳光充沛，清代人要在这个季节充分利用阳光为接下来的季节做好准备。

经过春夏的滋养，一场秋雨提醒着大家八月十五中秋节的到来。

清代京师等地盛夏将去，又到了田间收获的季节。在快速忙碌颗粒归仓之后，人们决定以美味来犒赏自己一年的辛勤。人们将各类坚果、砂糖混合后做馅，放入专门的模具中进行烤制，这就是月饼。天上一轮皎月，手中一轮美食之月，谈诗论道，诗词歌赋的文雅中还增添了美食的诱惑。除却月饼，大户人家还要在这一天里准备西瓜、枣、梨、葡萄、毛豆、石榴、莲藕等食物，一并用于祭祀。

如果说中秋节是收获的季节，那么文雅人士更多期盼的则是重阳节的登高同游。九月九日，家家户户用黄米捣成米糕，插上彩旗以和。有商人拿到集市上叫卖，大家争相购买，有人用酸枣捣碎做成酸甜米糕，把果干和蔗糖混在一起，山楂用线穿好，沿街叫卖换取一日的花销。文人雅士多是愿意买下这类糕点，登高插茱萸后三五知己在吟诗作对之余尝一口果糕。

到了冬天，万物寂寥，人们躲在屋里，聊过去一年中的悲苦，聊曾经的幸福，也聊对未来的憧憬，聊来聊去，聊到了腊八节。

腊八节，寺庙中要做佛会，大家要在这一天里熬粥供佛。粥中放各类米、豆、果品，大火烧开后，米、豆、果干在粥里翻滚，渐渐地豆类和米都煮开了花。

在这一天里，皇宫内苑也会派专人熬制腊八粥。在这一天里，无论是走卒小贩还是王公大臣，大家都其乐融融。

京城街头巷尾，人们吃完了腊八粥就开始为下一场的元旦佳节做准备，他们用美食期盼着来年的风调雨顺。

在那个时代，大家都经历了太多的苦痛和喜悦，而人们将这些经历与时间混合变成美丽的故事，美味的食物，呈现在餐桌之上。人们通过品尝食物，来庆祝节日，感恩美食，祈福下一个新年。

清代人民在四季轮回里播种收获，用美食来寄托自己内心对富足而美好生活的渴盼。他们沿袭了祖先的生活智慧，根据不同的四季食材来安排节日饮食，将时间与美食恰到好处地融为一体。

第3章

要美味也要健康，奢华与极简风格的调和

享受食物在舌尖上的跳跃，感受各种滋味在口腔翻滚的愉悦，是无论时间如何变迁都难以改变的人类本性。

清代是古代养生学发展的鼎盛时期。民以食为天，在经济繁荣、食物种类丰富的清朝，达官贵人们不仅仅要吃饱，更讲究要吃好。养生不仅仅是一种文化，还是一种生活方式，一种生活态度。

玉盘珍馐是清代人生活中的一大消遣享受，但美食佳肴的美是多层次的，是感官的具象体验，尝美食不仅尝其味，还要品其内涵。

美食之美在其形，选用盘碟碗筷的讲究，刀工雕刻，色彩搭配是美食的第一层次。

美食之美在其味，调料搭配，火候大小，煎炸蒸煮炖，这一道道程序严格规范下来，形成的是美食的第二个层次。

美食之美在养生。清朝对美食有更高层次的要求，吃美食吃得肠胃舒服、身体调和，吃得人神清气爽才是正理，这是美食的第三个层次。

作为清代美食家之一的李渔，最懂得食物的养生之道。

“食之养人，全赖五谷。”无论是佳肴制作还是醇酒酿造，李渔都秉承求美尚真、戒奢求简、尚洁戒浊的原则。

清晨，阳光穿透树隙，李府的角门打开，婆子提一篓鲜蔬走到河边，开始一天的工作。蔬菜清洁这是制作膳食的第一步。同一时间，小厨房里也正在忙碌着，丫鬟婆子洗净砧板，沥干刀具铁锅，保证与食物接触之物的洁净。

这样的场景不仅仅是在李府，同样也在千万富人家的厨房中上演。

在食物的制作过程中，同样要保证食物不会受浊物污染，诸如切肉刀具不可与切蔬菜的混淆以免沾染血腥气。抹布不可清洗砧板等，这些烦琐讲究恰如其分地彰显了清代人尚洁戒浊的饮食特点。

清代自满人入关，满汉文化大融合，社会平民及皇室贵族的饮食方式就发生了一定变化。但有一个重要体现从未改变，即饮食越发精细化。《红楼梦》中贾府一道茄鲞就已经用到了九蒸九晒，还要用香油封严，吃时再拿油炒鸡瓜子拌匀，更遑论各种精美糕点甜品之物。

家境越是富有，吃得越是精细。地位越是尊贵，餐桌上越是精美丰富。但这恰好不符合养生的观点。

李渔认为，肴馔酒浆诸饮杂食太繁，食欲过度致使肠胃负担过重，反而引发身体各类不适。这一点在清廷御膳方面表现得尤为突出。皇帝每一天的御膳品种虽不乏厚味膏粱，但是杂粮蔬菜、山果野味同样在御膳中占有重要地位。

春季，榆钱发芽，圆明园的小丫鬟们开始忙碌起来，用木钩子小心攀折下榆钱，几番洗涤沥干后，和面做成榆钱饽饽、榆钱糕，这是乾隆皇帝都爱吃的舌尖诱惑。逢皇帝心情愉悦，还会让御膳房多做几个，赏赐给后宫嫔妃、王公大臣，与众共乐。

除却榆钱饽饽、榆钱糕，二月二当食的杂粮煎饼，端阳节御膳房用粳米大枣做的粽子，中秋节的月饼，重阳节摘下的菊花做成的菊花糕，冬至吃的杂蔬饺子，腊八喝的腊八粥，甚至就连黄瓜蘸面酱、炒豌豆苗、酸黄瓜、酸韭菜、酸荠菜缨子、春不老等这些民间难登大雅之堂的菜肴，都是乾隆皇帝喜爱的食物。

不同于乾隆对饮食追求的粗细搭配、粮菜互补，其祖父康熙更注重的是饮食要节制有度，其在论述有关饮食疗法时指出："人自有生以来，肠胃自各有分别处也。"在《庭训格言》中康熙指出："凡人饮食之类，当各择其宜于身者。""每兼菜蔬食之则少病，于身有益，所以农夫身体强壮，至老犹健者，皆此故也。”意思是说对于自己喜爱的食物要有节制，根据自身身体状况选择食物，是对自身负责的态度。

康熙提出的“节饮食”理论除了有节制饮食，不能暴饮暴食的意思，还有饮食节俭，不要恣食肥甘的含义。虽然贵为一国天子，康熙在饮食上却从不奢侈。他每天即便是鸡、鱼、牛、羊等肉食，也基本上每餐只吃一种。他在《庭训格言》中称：“朕一日两餐，当年出师塞外，日食一餐。今十四阿哥领兵在外，亦然。朕每食仅一味，如食鸡则鸡，食羊则羊，不食兼味，余以赏人。”

康熙认为“各人所不宜之物，知之即当永戒”，因为“人自有生以来，肠胃自各有分别处也”。也就是说，每个人的体质千差万别，胃肠的消化吸收能力也不一样，不一定适合吃所有的食物。比如有些人吃海鲜会有过敏的情况，有些人因为胃肠虚弱不能吃过辣或太过寒凉的食物。康熙认为对于那些自己不适合吃的食物应该时刻记在心里，永远戒除，才不会对身体造成损害。

还有饮食过程中要保持心情愉悦，饮食要清淡，晚上不可多食，饮水要洁净，喝茶必好水，饮食不可肥甘厚味，不可食不成熟之物等诸多规则，都彰显着清代皇室对饮食养生的注重。

养生有时不仅仅体现在自我约束和制作等过程中，还表现为根据大自然气候变化规律，调整自我的饮食习惯，达到人与自然的和谐，从而获得强健的体魄。

这就是说，在膳食的选择上，除了尚洁、尚美，清代人还注重时节对饮食的影响，讲究春夏秋冬四季与五味、五脏相适宜的饮食定则，即饮食要循时而进，因季变味，择时见好而食。

食材的挑选，是一家主妇想完成一桌美味佳肴的第一道考验，也是一天饮食的重要前奏。食材的季节或反季节，滋补或败身，鲜活或死硬，细嫩或粗老，野生或家养，会直接影响滋味能否抵达味蕾。

初春，大地复苏，村头河塘的冰雪已然融化，鲫鱼纷纷冒头。春寒料峭，风虽有些凉，但鲫鱼恰最肥美，营养最盛。鲫鱼四处觅食，膘肥体壮，故而肉质鲜嫩而灵动，足以带来一番美妙滋味。

待到冬季，气候寒冷，人们躲在屋内看窗外枝叶萧条，心中不禁感到凄凉，于是羊肉、鹿肉这类大滋补的食物就成了餐桌上的首选。

从官员到民间，羊肉在宋代成为餐桌上的头等肉食，贵族以食牛羊肉为尊。但是在清代，羊肉逐渐被猪肉逆转，猪肉成了汉族最主要的肉食。

清代人冬季宴客惯用火锅，就连清代的宫廷里都保留着这种习惯。

清代档案中记载，乾隆皇帝宴请宗室，摆了五百多桌火锅，而食材除了常见的羊肉，大多是野鸡、狍肉、鹿尾等关外野味。这大概是因为天寒地冻，火锅食材丰富，滋味浓郁，又有常见野味和海鲜佐味。

但是，袁枚却提到养生饮食当戒火锅，其中一大原因就是火锅里的美食几度翻滚，食物老去，鲜美口感和营养流失，并不符合饮食中对“鲜”字的要求。这大概也算得上是清代人美食与养生的一大碰撞。

饮食要追随时节变化，顺应天时，紧扣温、热、凉、寒四季特点。正如袁枚在《随园食单》中所述：“夏日长而热，宰杀太早，则肉败矣。冬日短而寒，烹饪稍迟，则物生矣。冬宜食牛羊，移之于夏，非其时也。夏宜食干腊，移之于冬，非其时也。辅佐之物，夏宜用芥末，冬宜用胡椒。当三伏天而得冬腌菜，贱物也，而竟成至宝矣。当秋凉时而得行鞭笋，亦贱物也，而视若珍馐矣。有先时而见好者，三月食鲥鱼是也。有后时而见好者，四月食芋艿是也。其他亦可类推。有过时而不可吃老，萝卜过时则心空，山笋过时则味苦，刀鲚过时则骨硬。所谓四时之序，成功者退，精华已竭，褰裳去之也。”

古人云：“安身之本，必资于食，不知食宜，不足以生存。”从饱食到美食，再到追求健康，文明进步，对饮食的要求也不断提高。清代的养生学已发展到理论与实践相结合的鼎盛时期，人们对膳食的认识不断提高，保健知识也越发丰富，加之注意合理调节饮食、搭配膳食，永葆健康、延年益寿自然成为人们的强烈愿望。

第4章 当茶成为生活必备，乡野宫廷终有共鸣

中国人对茶有种特殊的情愫，饮茶一直是件“雅事”。

中国饮茶历史最早，中国人也最懂得饮茶意趣。客来敬茶，以茶代酒，用茶示礼，历来是我国各民族的饮茶之道。

宋代茶风炽盛，饮茶是文人雅士之事。但是到了清代，饮茶就成了全社会的生活日常。饮茶这件雅事，也就从贵族、仕林，逐渐普及到贩夫走卒。

清代人喝茶依然有诸多的清规戒律。长居京城的闽人，对于饮茶有自己的一套规则。他们喜好工夫茶。所谓工夫茶最要紧的是水温适宜，水温过低则香气不足，水温过高则苦涩有余而甘润不够。

清明时节，京城人多爱趁此踏春赏景。嬉戏一番后，几人已经有些疲倦，干脆乘车到附近友人家做客。

主人见有客人来，赶紧拿出了珍藏的明前龙井茶，又让小童提着黄桃木的水桶到后院深井里打了泉水。

庭院里烧着一个小泥炉，炉上是一把铜水壶。水滚后，将水倒进一个紫砂竹节壶里，来回摇晃一番后，将水倒掉。第二次水再滚时，用木勺放入嫩茶，注入开水，冲茶净茶；第三次再用沸水倒入壶中，瞬间茶香四溢。

主人小心将茶水倒入杯中，轻烟袅袅中，茶叶芬芳尽显。客人接过主人所奉之茶，小口微品，似反复咀嚼其内藏之味。

当然，在这样的茶会上，若有客人能一一列出此茶产地、烹煮手法，则是对主人最大的褒奖。

只见席上客人说得兴致勃勃，主人听得津津有味，一不留神更会大发兴致，将大江南北的新闻列举一二。知己相逢，宾主尽欢。

清代的隐士，多有嗜茶之辈。他们爱茶、懂茶，并早已将茶香融于骨血之中。

春意菲菲，他们借茶兴作诗；夏日炎炎，一抹翠竹，几许清风，枕着茶香在屋内酣睡；秋风飒飒，荒野百里，也阻止不了他们席地而坐，烹茶煮茗，大发诗兴。

他们或隐居山林，在茶中寻求超脱；或与朋友相聚，香泥小盏守着茶炉，一吐胸中抑郁悲愁。

但在这诸多的或悲或喜，或愤慨或愉悦中，他们对茶所存的更多是一种敬畏，他们守的也就是饮茶的规矩。这也就难怪前明遗老冯可宾还专门在《岕茶笺》中，提出饮茶“十三宜”：

“一无事”，茶要细品，时间闲暇宽裕才成。

“二佳客”，以茶会友，交的是心灵相通、高雅博学的雅士。

“三幽座”，选一处青竹良景的去处，方不负茶香滋味。

“四吟咏”，倘若品茗中再有绕梁佳句，最是难得。

“五挥翰”，兴浓时，挥毫泼墨，题诗作画，墨香留存千古也未可知。

“六徜徉”，即使一人，闲庭信步，优哉中体味的是闲情雅致。

“七睡起”，小睡甫起，一枕清梦，一盏香茗，心情悠然自得。

“八宿醒”，若是酒酣正浓，昏乎乎神志不解，一盏浓茶，神清气爽。

“九清供”，品茗饮茶，若有清新茶果，滋味妙不可说。

“十精舍”，舍愈雅、愈静，则茗香愈能醉人。

“十一会心”，倘若品茗者对茶学本身就能心领神会，则心与心更近一寸。

“十二鉴赏”，煮一盏香茗，青瓷白碗，细细把玩茶之色、香、味。

“十三文童”，饮茶勿被琐事烦扰，若有一聪慧茶童随侍左右，可舒心备至。

文人墨客饮茶讲究良多，皇宫大院里独揽江山的天子对饮茶更是颇有心得。

酉时，紫禁城内的皇帝下朝归来，难得朝中无大事，有了空闲皇帝便到后宫中歇息。皇后亲手捧来谷雨龙井新茶，揭盖而观之，茶色微绿，茶叶细如针芒。不久，茶叶慢慢舒展开来，茶香溢满内室。

这种龙井新茶多是江南进贡的，除了皇室有，寻常百姓喝不到。

除了龙井新茶，三清茶也是皇帝颇为喜爱的一种。据清代茶膳房档案记载，所谓“三清茶”，是指梅花、佛手和松实，以干净雪水烹之。梅花颜色艳而不妖，并有清头目、理肺气的功效。佛手香气清冽，有理气化痰、清肝健脾的功效。松子香味浓郁，有滋润皮肤的功效。

康熙帝常饮三清茶，乾隆沿袭了这一习惯，甚至还为此赋诗，让工匠把诗句烧制到茶碗上。

乾隆御制诗《三清茶》，诗云：“梅花色不妖，佛手香且洁。松实味芬腴，三品殊清绝。烹以折脚铛，沃之承筐雪。火候辨鱼蟹，鼎烟迭生灭。越瓯泼仙乳，毡庐适禅悦。五蕴净大半，可悟不可说。馥馥兜罗递，活活云浆澈。偓佺遗可餐，林逋赏时别。懒举赵州案，颇笑玉川谲。寒宵听行漏，古月看悬玦。软饱趁几余，敲吟兴无竭。”

待到后来，乾隆直接将三清茶设宴引入朝政，树立清正之风同时，又陶冶君臣情操，直到咸丰登基，三清茶宴才销声匿迹。

由此，清宫廷与文人饮茶品茗的风尚可见一斑。但话虽如此，喝茶毕竟也有先决的条件，就是生活安定。

贩夫走卒虽然在疲乏之余也会跑进小茶馆去喝点茶，但那只是休息与解渴，说不上“品”，更说不上“雅”。至于采茶人，根本就谈不上有好茶可喝，仅能留下一些“茶末”“茶梗”，供自己和亲邻们享受了。

平民百姓多为一粥一饭、一枕一被而忙碌奔波，终年劳碌，即使这般依然有大量的人不得温饱，在春季以野菜果腹，夏秋收获后，小心翼翼准备冬藏。

某一年老天庇佑，恰逢国运昌盛，赋税虽重但尚有结余，家中粮仓也已囤好，稀粥、粗饭循环着也能让一大家子度过寒冬，迎来暖春。

于是这些百姓终于从沉重的农活中走了出来，到茶肆之中，偷得闲暇时光。

他们的茶很简单，一文钱就可以要来一大碗。这里的茶叶自然也不能和富贵人家品的茶叶相提并论，但这丝毫无碍他们对茶的享受。

送走寒冬迎来炎夏，六月中，绿树浓荫。

在田地里辛苦了一天的农户坐到茶肆里，大力呼扇着蒲扇，看台上说书先生眉飞色舞讲述着江湖恩怨情仇、聚散离合。

这间简陋茶肆里的农户很多，他们或坐或躺，仅仅是为了消减身体的疲乏，喝完一大碗茶后也就匆忙回家了。

有些人手头不是那么宽裕，只能唤小童拿上几钱银子，到附近的茶肆买来绿茶或红茶，若手头没那么拮据，也许还会买几份茶点。而后三五好友知己，天南海北，漫说经史子集。

在茶点的选择上，部分人喜爱用小片姜、萝卜、豆子、芝麻等来佐味，也有人饮茶则必有猪肉菜肴才觉得满足而充实。

干丝也是百姓最喜爱的茶点之一，摊主常挑着担子，若有客人，则抓一把晾干的豆腐干，切成薄如蝉翼的片状后，再切成丝，随后放入清水中，荡开豆腐丝。好的厨师能保证豆腐丝细如针芒，放入水中而不烂。随后将豆腐丝过一遍开水，加入海米，拌上酱油、香油等调料即可。

京城汇聚各地人士，饮茶文化自然各有不同，来自湖湘之地的人，饮茶喜好吃茶叶，主人把茶叶放在茶碗里，用开水反复冲泡。而客人离开后，主人掀开茶碗，发现茶杯空空，则是对主人的最佳赞扬。

清代人饮茶，因其居住环境不同，人情风俗不同，社会身份不同，形成了喝茶中的各种差异。

喝茶方式，品茶前的各项准备，以及吃茶时的状态，茶点选择等各种差别，构成了一幅清代人饮茶的社会风俗画卷。

但不管茶如何变迁，在清代，饮茶成了全社会的风尚，饮茶从贵族圈走了出来，走到了百姓身边。

第5章

文人墨客说风月，饮酒是一件雅事

清代人认为饮酒不仅仅是口腹之间的满足，更是一种文化。酒能叫人超脱旷达，才华横溢，放荡无常；却也能叫人肆行无忌，原形毕露。

端午节，芦苇的植物味道混合着甘甜糯米香气萦绕在京城的大街小巷。

车阿贵是京城天桥里的一名普通商贩，日常挑篮游走在各个府邸角门之间，卖一些胭脂水粉，补贴家用。今天这样的好日子让他早早收了摊子，先去东集市上买了樱桃、桑葚，后在隔壁邻居家买了一小坛雄黄酒。临近家门，又到西集市上称了几片云糕。

家里的女主人趁着暑热未至，提前包了粽子，腌了咸鸭蛋。日暮西垂，忙碌了整日的他们终于空闲了下来，在庭院里的梧桐树下摆了几张椅子，又拿出新买的雄黄酒，小心倒在酒杯中。

车阿贵将一旁玩耍的孩子抱了起来，用食指沾着酒，抹到他的耳、鼻、嘴巴周围，又在孩子额头上写了个“王”字，这才满足。

清代人相信，抹了雄黄酒的孩子在整个夏季都不会遭到毒虫伤害。虽然从现代视角来看，这样的做法并无科学依据，但却是清代父母对骨肉的殷勤照护。

纵观清朝几百年历史，若论酒宴的规模大小，与宴者多寡，影响力的深远，恐怕没有哪一场酒席可以与清宫中的千叟宴相提并论。

千叟宴始于康熙，乾隆亦效仿举办，都是在在位达到50年后举办的。康熙五十二年（1713年）康熙帝为贺四海升平、天下富足，为表皇恩浩荡，特在畅春园宴请全国六十五岁以上老人。

这些老人中有皇亲国戚、前朝老臣，也有从民间奉诏进京的普通百姓。在这场豪宴上，有御厨精心制作的免费满汉全席。在座老人中有不少是饱学鸿儒，当众吟诗联句，并享受佳酿美馔。

相对于皇室酒宴的规模浩大，民间文人雅士的酒宴更带着几分洒脱和随性。

有的文人雅士擅长根据一杯酒的色、香、味及亮、暗、浊、清来鉴别名酒。沈梅村即深谙其道。每逢友人宴请，必欣然前往。在各色酒品里，沈梅村独钟情女儿红。

江南之地，冬日湿寒，沈梅村取出几枚铜钱唤来小童到酒肆中买来一坛女儿红。这女儿红是绍兴之地酿造的，选用鉴湖水，混合糯米、红糖等物发酵而成，揭开坛口封泥，馥郁芳香的酒气扑鼻而来。取出一盏瓷杯，琥珀色的女儿红使人赏心悦目。

不同于沈梅村对女儿红的痴迷，裘文达嗜饮丁香酒，李许斋则喜欢百益酒，每遇宴席有此酒，一定畅饮数杯。官员刘武慎则因汾酒使人神清气爽的原因，对汾酒赞叹有加。

这些文人雅士对于酒均有自己的偏好。

他们或许因为环境限制、境遇不同而喜爱不同的酒，但是在“乐饮酒却不能狂饮”这件事情上都极为赞同。

清代人认为，若醉酒后举止放浪形骸，言谈粗俗不堪，是极为无礼的事情。

但其中亦有小部分人，喜以酒交友，尊崇魏晋“竹林七贤”豁达的饮酒习惯，并常效仿之。

福建福州的林怡庵便是其中的代表，他与同村的林枳怀、叶与恪、梁开万等人结酒社，每日睡起即登酒楼，豪情痛饮。这些人不顾周围人的指责，饮醉后则高歌笑骂而回。每次白昼出门喝酒，夜深后，相互搀扶归家。

大概因为这些人整日没什么正经事做，于是别人谈及这些人，多是一些斥责的态度，但他们依然我行我素，颇有一种举世皆浊我独清，世人皆醉我独醒的意味。

也有一部分人，他们自身不善饮，却喜好观人饮酒，并著文章以讨论当前社会饮酒风尚。著有《酒志》一书的吴秋渔便是其中之一。

晨起无事，吴秋渔会早早地到酒肆里临窗而坐，观察京城人饮酒习惯。他将清代酒肆分为三类，南酒店、京酒店和药酒店。

因南酒店多售卖女贞、花雕、竹叶青等酒，故常吸引江南来京的官员属僚、商人、文人等来此。买一坛家乡的美酒，来几碟蜜糕、蟹、糟鱼、火腿等江南名菜。唇齿留香中感叹和回味的是千里之外的家乡味道。

也有不少京城人士，因为喜好南方菜系酒品，也常会来此品尝一二。偶尔还会与过往的商客攀谈，言辞中对那从未见到过的江南胜景极尽赞美，耳边时不时传来几句独属于南方的吴侬软语，别有一番风情。

京酒店则是完完全全的北方京师风味。售酒以雪酒、冬酒、涞酒、木瓜酒、干榨酒为主。京都之人也常常自酿这些酒。

冬月酿造，待到天气回暖，酒略呈酸味，再经煮制，又成另一风味。饮这类酒，一般常佐食鸭蛋、酥鱼、蜜枣、煮咸栗肉、花生、核桃等。

不过，京酒店不在乎吃的是什么，更在乎的是一种氛围。三五知己围坐一桌，仅一碟咸花生，就能饮下几坛榨酒。饮醉后，取一只毛笔，挥毫泼墨抒写胸中豪情。这是北方京城书生的豁达。

药酒店女客居多，这类酒店的酒多是用烧酒配上鲜花蒸制而成的，这种酒因经过高温蒸制，味道极淡，还伴有花香扑鼻，寻常女客饮上几杯也并无大碍。还有一些酒是用新鲜水果酿制的，味道酸甜可口。这类酒取名还颇有讲究，多用花名果名。如玫瑰露、苹果露、山楂露、葡萄露、莲花白等。

寻常也有丫鬟婆子来药酒店内，买上一小坛果酒，回府后，让小厨房做上几道精美点心，如三不沾、绿豆糕、栗子酥等，再炒上一碟瓜子，取出几颗夏日腌渍的杨梅果子。待到皓月当空，几家姐妹在庭院坐下，说上几句贴心话，美景、美酒、美人成就了深深院落里的万般风情。

清代也不乏一些文人骚客，独坐家中，自酿美酒，酿成美酒后白天经常邀友共饮。冬夜白雪纷纷，更是与好友围炉聚饮，慨然举杯，一饮而尽。他们将情与义融于酒中，在浓情酒意中与相知之人酣然畅饮，不禁使人身心俱醉，兴意悠然。

古往今来，文人墨客在酒中挥洒自己的喜怒哀乐，酿成了许多醉人的诗篇。中国古典文化源远流长，酒文化也千古流芳，它将随着时间的陈酿而醇香不改。

第二辑

琳琅环佩，满汉罗襦

第1章

帝后服饰引领时尚，大气奢华受宠爱

乾隆三十年（1765年）冬至，这一天皇帝要带着皇后及文武朝臣到太庙祭祀，具体时辰是钦天监早已排算好的。早膳过后，乾隆帝在内侍宦官的伺候下，换上了冬日穿的朝服。

朝服包括朝冠、朝袍、朝珠、朝带和朝靴五部分，是清代最高规格的礼服。皇帝只有参加冬至、立春、夏至这样的节气祭祀和一些重要的祭典才会穿，后来皇帝在接见外国使臣时，也常穿朝服。

四季有寒暑，朝服也有单层、加棉、纱衣、裘皮多种，颜色依等级有明黄、蓝、红、月白四种。

对于朝服而言，明黄色是等级最高的颜色，只有参加元旦、冬至、万寿节及太庙祭祀这样重大的典祀时，才会穿戴。蓝色朝服则多在祈雨、祈谷等祭天仪式上穿戴。红色用于祭朝日，月白色用于祭夕月。

今日乾隆帝穿的正是明黄色用裘皮制成的朝服，看上去不如棉服厚实，却能抵挡寒冬时节的烈风。

朝袍分上衣下裳，上衣又分箭袖、捻襟、云肩、披领。制作时，绣娘在布料上进行刺绣，刺绣完成后，裁缝将这些布料分为几十块儿，而后再缝制成衣服，一件朝袍通常需要几十位裁缝分块儿缝制。朝袍上绣纹烦琐而精致，绣娘稍有差错就可能有性命之忧。

龙作为上古神兽，一直是皇家的象征。古代的帝王们常自称为真龙天子，正是这个原因，君王朝服上的绣纹最终在麒麟、凤凰、龙之中，选择了龙，清

代亦是如此。

朝袍上的绣纹延续了前朝的礼制，其双肩、前胸、后背部分，盘卧着五爪金龙。前胸金龙最大，后背次之，双肩上金龙对称分布，衣服衽处卧正龙一只。下裳折叠处前后绣着五只围龙，两只正龙，四只行龙。在龙纹刺绣中间，朝服的空白部分绣着十二章花纹及五色云团，衣裳下摆绣着八宝平水纹。

朝袍上的龙纹，从龙爪到龙珠，每一处所用丝线的颜色，粗细，容不得一点儿疏忽。乾隆年间一家御用刺绣坊就曾因将朝袍上的五爪金龙失误绣成四爪金龙，惹得龙颜大怒，最终一家老小几十口被发配边疆。

朝带区别于朝袍，其龙纹用五彩金线织成，五条行龙恰好绕行一周，威严之中，增添了几分灵动。

朝珠由 108 颗东珠串成，即产自东北松花江下游的珍珠，108 颗的数目与佛教朝暮撞钟 108 下相吻合。

朝冠也分四季寒暑，或单层，或加棉，或纱质，或裘皮，顶上装有三层金龙，金龙眼睛以两粒光泽透亮的东珠代替，旁边还分别缀着龙眼大小的珍珠两粒，并披饰朱纬。

朝靴由黑狐皮缝制而成，最外层用明黄色绸缎包裹，上面各绣着一只行龙，靴长至膝盖。黑狐皮保温性良好，保证皇帝即使在寒冷的户外，也不会被冻伤。

朝服的穿戴顺序为先穿朝袍，再系上朝带，朝珠单层挂在脖颈，垂在胸前，而后戴朝冠，穿朝靴。

皇宫另一端的坤宁宫，此时也正在忙碌着。

皇后的朝服和皇帝的大略相同，细节处又有微小区别。

朝袍分为上下四层，前后上下共有 76 条龙形绣纹；朝袍外是一件类似背心的开襟无袖朝褂，朝褂上同样绣金龙、祥云、八宝平水纹等。

皇后所戴朝冠，只是将皇帝朝冠上的金龙改成金凤，冠顶不仅装饰朱纬，冠后垂有两条护领，护领上用两颗玛瑙做装饰。

此外皇后身上其他的饰品还有金约、领约、耳饰及朝珠等。

朝珠共三串，在佩戴方式上区别于皇帝的单层悬挂，其一串挂于颈垂于胸，两串分别挂于左右肩，交叉在胸前。

朝服穿戴完毕，皇后会与皇帝一起，坐着御辇到太庙参加祭祀大典。

比朝服低一级的是吉服，其中的吉服袍就是我们常说的龙袍。每逢吉庆宴会和朝见臣属时，皇帝所穿均是此龙袍。

吉服分吉服冠、吉服袍、吉服带、朝珠和靴几部分。

皇帝的吉服袍是一件圆领箭袖四开襟的长袍，袍身由明黄色绸缎剪裁做成，箭袖袖口和衣领则用石青色。

吉服袍上绣金龙九条，胸背正龙各一团，两肩与前后襟行龙各一条，两袖端正龙各一团，又一条龙绣在衣襟里面，所以常人所见的龙袍，除去袖口的金龙不算，无论是从正面看还是从背面看都是五条。

吉服龙纹的九五之数暗合《易经》乾卦“九五，飞龙在天，利见大人”，寓意着皇帝是九五之尊。

吉服袍下端用蓝白丝线绣着许多弯曲的线条，名曰水脚。

水脚之上还有大片波涛翻滚的水浪，水浪之上又有山石宝物。这些图案寓意“绵延不绝”“一统山河”和“万世升平”等。

穿吉服袍，腰部同样要束吉服带，带上有四块金方版，皇帝可以根据自己的喜好随意镶嵌珠宝。

皇后的吉服分龙袍、龙褂两部分。

龙袍左右两边开叉，为两开裾。衣领后垂一条金黄色绦带，上面用各类珠宝装饰。

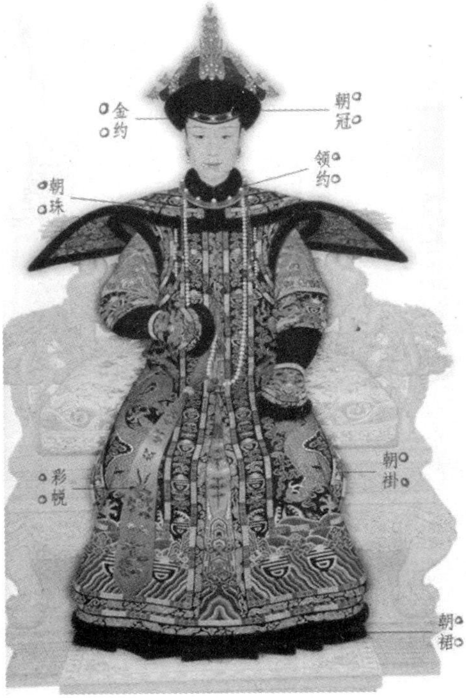

龙褂则是一件套在龙袍外的对襟罩衣，颜色为石青色，上面绣着五彩云八团金龙纹。

龙褂下摆同样绣八宝立水花纹，也有一些吉服是只绣金龙八团的。

除此之外，皇后的吉服和皇帝的几乎都相同了。

下了早朝，皇帝喜欢在御花园走走。如果既不是元旦新春，又不是谷雨、夏至这样的重要节气，而只是清代历史上普通的一天，为了日常生活的方便，皇帝总是要穿常服。

常服有冠、袍、褂、带四部分。

常服的袍子样式和吉服袍相同，颜色却不只有明黄色一种，无论从用料、颜色还是上面的刺绣花纹来说，常服在制作工艺上远没有吉服严谨。

常服也没有吉服那样严格的穿着规定，一切皆以皇帝自己的喜好为准则。

常服的褂是圆领对襟长褂，穿在袍外，袖口不再是箭袖，而是平袖，方便皇帝日常批阅奏章等。冠只用朱纬结顶，不加梁，不加龙顶等装饰，戴常冠除了装饰之外，也是为了防风。

皇后的常服同样是以长袍为主，两侧开衩，类似清代后期流行的氅衣。常袍上用五彩丝线绣制彩凤双飞、龙凤呈祥、穿花百蝶等纹饰。最受清朝皇后垂爱的是一件品月缎绣玉兰飞蝶衣，蝴蝶刺绣精美灵动，有飘飘欲飞之势。皇后的常服不再束腰，无论是袖口还是腰腹处，整体都会略显宽大。

除了这些在祭祀、庆典、日常所穿的服饰之外，行服则是清代另一种独具特色的服饰。行服是指皇帝和文武百官外出巡视、狩猎、征战时才会穿的衣服，这类衣服最主要的特点就是方便骑射，故而，在清代能穿行服的只有男性。

行服包括行冠、行袍、行褂、行裳和行带五部分。冬季的行冠多用黑羊皮或黑狐皮做成，青绒结顶，不加梁；到了夏季，行冠用藤丝或竹丝编织而成，红纱裹边，顶用明黄色，前缀珍珠。

行袍俗称“缺襟袍”，其主要特征为圆领、对襟、四面开禊、箭袖，与常服袍相似。行袍的质料、颜色和纹饰没有严格的规定，可随意选用，清代皇帝的行袍多用团龙纹。

行褂又称“马褂”，清代初期马褂只允许皇帝身边的侍卫穿。但马褂因穿戴方便、制作简单等原因，不久后在全国普遍流行。

行裳从前看，分左右两片，长短相齐，但后面只有一片。中间宽大，上下稍作收敛，腰间用一幅石青布连接起来，两端用带子系住，方便马上骑射。行裳的质料、颜色亦无规定，有毡行裳、夹行裳等。为了御寒，冬季所穿行裳多用鹿皮或黑狐皮制成。

在穿戴顺序上，行裳就简单得多。一般情况下，内侍先伺候皇帝将行袍穿平整，并在腰间系上一条明黄色的行带，而后再罩上行褂，下身系上行裳。

除了朝服、吉服、常服、行服，在下雨、下雪时也会穿雨服。

雨服包括雨冠、雨衣、雨裳三部分，穿戴时，雨衣穿在内，雨裳系于外。

冬季皇帝的雨冠用毡子、绸缎做面，里面是月白色衬里，下面有青布条，防止风大将雨冠吹走。夏季的雨冠则为油面平顶，明黄色的油面能保证皇帝不会轻易被雨水打湿。

即使是贵为一国之君的皇帝，也有系腰带挂活计的习惯。这些活计中包括小刀、火石、牙签、荷包、手帕等，荷包里时常会放有一些零食、香料。

嘉庆帝曾在自己的吉服腰带上镶嵌上红珊瑚，在腰带左右两侧挂金小环，左环挂月白绸帉、平金绣荷包、平金绣葫芦状烟袋、嵌松石金套；右环挂嵌金珐琅鞘刀，由此可知清代挂配饰的风尚。

清代的皇帝和皇后作为清代千万男女中身份最尊贵的两人，他们的穿衣搭配，直接影响着民间大众的审美。乃至到后来，民间的许多服饰及刺绣，都来源于帝后的服饰花样。

第2章

百官的补子，是宦海沉浮一生的象征

看惯了清宫戏，龙椅上的真龙天子大手一挥，潇洒地说出的一句“革去其顶戴花翎”，瞬间就能把殿上的朝臣从官员变成百姓。

曾经总以为那些只是影视剧的夸张手法。其实，清代的官服制度比影视剧里所表现的更为严格，一件刺绣精美的补服，一块儿四四方方的补子，就是一位官员沉沉浮浮的宦海人生。

嘉庆四年（1799 年）三月，刘墉头戴红宝石花翎，身穿一品仙鹤官服，在金銮殿上被加封为太子少保，奉旨督查文华殿大学士和珅结党营私、卖官鬻爵一案。而曾经显赫一时的和珅，在脱去那身一品官服之后，也只能沦为阶下囚。

补服是清代一种绣有官员品阶标识的官服。补服的前胸后背各缀一块方形图案，称为补子。补子上绣飞禽走兽，以示官职和官阶的差别。文官的补子绣飞禽、武将的绣猛兽，纹饰图案根据官员级别的高低而有所不同。

满人入关之后，满族统治者要求所有汉人遵从满族的穿着和服饰风尚。官员的正式服饰包括花翎、礼帽、帽顶、袍褂、补服、皮裘、朝珠、靴子等，每一级别的官员都有相应的服饰，法律规定不允许自行更改。

顺治九年（1652 年），顺治帝命礼部制定《服色肩舆永例》，而后颁行天下。在这本《永例》中，上至皇帝、皇子、亲王、贝勒贝子、文武官员，下到士庶乡绅、兵农、商人，他们的冠、服、袍、罩、褂、衫、裳、衣以及所用各种饰物的颜色、质料、数目，都有翔实的规定。所有人穿衣必须符合其阶级，倘有违反这一体制者，将被治以“僭越”罪。

有些商人为了能够改变自身阶级，会选择“捐官”，消耗了巨大的金银财富之后，虽然获得的只是微不足道的九品小官，头戴的是阳纹镂花金顶，身前的补子绣练雀，但其社会地位却完成了大幅度的跨越。

清代的大小官员，从文武一品到九品官员，甚至不入流的品官等，他们的服饰上的区别意味着官职品级等差。

这一等差不仅仅体现在早朝时金銮殿面圣时的站位，更体现在其冠上的顶戴花翎，官服前后补子上所绣的禽鸟、兽类，以及其他杂色纹样的补子。

官员朝服顶戴花翎及补子图案：

一品，顶红宝石，文绣仙鹤，都御史绣獬豸神兽，武绣麒麟。

二品，顶珊瑚，文绣锦鸡，武绣狻猊。

三品，顶蓝宝石，文绣孔雀，武绣豹。

四品，顶青金石，文绣鸳鸯，武绣虎。

五品，顶水晶，文绣白鹇，武绣熊。

六品，顶砗磲，文绣鹭鸶，武绣彪。

七品，顶素金，文绣㶉鶒，武绣犀牛。

八品，阴文镂花金顶，文绣鹌鹑，武绣犀牛。

九品，阳文镂花金顶，文绣练雀，武绣海马。

从九品等其他未入流的官员，阳文镂花金顶，绣练雀。

补服上的图案，无论飞禽还是走兽，并不仅仅是因为其外貌好看或者威武，每个品阶对应哪样的飞禽走兽，均来源于史册，逐一推敲后，最终形成方案。

即使同为朝中官员，若是谁穿了不符合自身官阶的补服，都会被朝廷治罪，轻者一句“僭越”，而若是朝中重臣穿上不符合自身品阶的补服，甚至可能会被安上一个“谋逆”的罪名。

清代将军年羹尧战功赫赫，多次因为手握重兵而让皇上忌惮不已。

最终年羹尧被定罪时，其中一项罪名就是：“非其人，不得服其服，顺礼也。”

若是放到后世，一件衣服的图案，不过是彰显自身喜好，体现个性的一种方式；但是在等级森严的清代，一件补服的背后是无尽的财富、权势和地位，是多少文人武将宦海一生的夙愿。

其实随便挑出一位清代官员，他身上所穿的补服，就是自己身份地位的象征，每一件补服的背后，都是其官场生涯的一部奋斗史。

出生于雍正二年（1724 年）的纪昀，十一岁时随父入京，入读生云精舍。对于诗书传家的纪府而言，遍读经史子集，熟写八股文章，考取功名，在朝中任职才是最正确的道路。

乾隆八年（1743 年）八月，纪昀参加科举考试，获第一名，次年乡试因所作文章不佳，考官大笔一挥只得了四等名次，此时的他并没有什么社会地位，日常所穿也不过是蓝袍布巾。

直到三年后，再次参加顺天府乡试，以第一名解元夺魁，此后因守孝、性格等原因，一直到乾隆十九年（1754 年），纪昀才等来机会参加正科会试、殿试，最后以二甲第四的名次入选翰林院庶吉士，继授编修，正式开始了他的官宦生涯。

纪昀初入职场，任庶吉士，这个职位并没有多少年俸可拿，身上也没有官阶，所穿官服也只是绣着练雀补子的补服。

但纪昀的运气不错，入职不久，就因为所著文章被上司赏识，担任编修，办理院事。此时的纪昀职位不过七品，朝服上的补子绣鸂鶒，虽然对于一些终年科举考试未中的学子而言，这个职位已经不算太低。但是在整个朝堂，甚至和他以后的官职而言，七品这个职位实在算不上什么。

乾隆二十七年（1762 年），纪昀随驾南巡。五月，奉命视学福建，官阶提督学政，文官三品，朝服上的补子已经从瘦弱的鸂鶒，变为炫彩的孔雀。

随后的几十年里，纪昀因为编纂《四库全书》《契丹国志》《河源纪略》，逐渐被升任至吏部尚书，任协办大学士、加太子少保，最终穿上了那身象征文官最高地位的仙鹤补服。

从没有官阶、俸禄的庶吉士，纪昀一路升迁到吏部尚书、大学士、加太子少保，成为朝廷栋梁。

纪昀只是清代官场上的一个缩影，在清朝漫长的岁月长河里，有更多的才子英雄寒窗苦读多年，却屡屡不中，也有一些学子在奋力冲进官场后，急流勇退。当然更多的是拼尽毕生谋略，只为在那一方波云诡谲的官场上，看尽尔虞我诈。

他们在官场上汲汲营营，从不入流开始一步步向上爬，有些能摸到仙鹤、麒麟一角，登上金銮大殿，在史书上留下浓墨重彩的一笔。有些却在中途，或因为贪污受贿，或遭奸人所害，或是碌碌无为，守着那一方补子，直到生命的终结。

第3章

日常穿搭，我要我的独特风格

从古人发明第一枚骨针，用它缝制出最古老的衣服开始，经过多民族之间的相互影响，每个朝代都形成了独属于自己的服饰文化。

镶、滚、彩、绣生动而形象地诠释了清代服饰的特色。

清代的裁缝在讲究服装的剪裁之余，将更多的精力用在了衣服的各种彩牙儿和花样上，头巾、衣襟、裙摆、束腰、荷包……无处不体现颜色搭配和刺绣的精妙。

清代服饰经过了由简入繁，再由繁入简的演变历程。身在其中的清代人，也随着历史的风云更迭，穿出了独属于他们那个年代的风格。

康熙年间，阴历三月三，京城郊外溪水初醒，野草未绿，娘娘庙周遭的空气里都是阵阵草木香气。今天是娘娘庙开庙的日子，京城内外无论达官贵人还是普通百姓都放下了手中的事宜，准备来此烧一炷香。富贵人家盯上的是开庙前的头香，普通百姓则只求这一年风调雨顺，岁月平安。

娘娘庙门前一位站着的妇人是御史大人的夫人。她着一身褐色金花纹外袍，衣袍内是一件浅绿色镶黑边的大褂，大褂边缘用金线绣着吉祥如意图案，大褂的前襟下坠着七八样配饰，有翠绿色的福禄小葫芦、小巧精致的荷包、两块玉佩和一串银饰。庙门打开，妇人入内，虽有行动，但腰间的配饰却不见摇晃，竟没发出什么声响。

妇人身后两位侍女同样穿一身黑领绿袍，袍上缀着金线缠成的纽扣，头上一只纤细的银簪子，簪子顶部缀着五六粒黄豆大小的珍珠。

无论是御史夫人还是她身后的侍女，所穿皆是当时最流行的花样。

待御史夫人烧香结束后，又有几位达官显贵人家和普通百姓一起涌入庙内，大家所穿并没有特别大的区别，女性基本上都是大褂、长裙、外袍，颜色也多用褐色、黑色、墨蓝色、浓绿色和金色等。

只是富贵人家的穿着刺绣更为精美，普通人家所穿衣物大多用葛布直接制成，外袍上的刺绣也只是自家深夜挑灯略作装饰之用。

到了乾隆年间，街市上花红柳绿热闹非凡，偶有夫人出门，所穿已经不同于之前的深色衣袍。

夏历五月，京城一处王府后院已是热闹一片。城内最大的一家成衣铺子将几天前刚做好的新衣送了过来。一套新装从内至外，从上到下竟有将近十件。从外袍、大褂、小褂、背心，到长裙、里裤、绣花鞋，每样都异常精美。

一件浅黄色长袍，内搭一件镶有粉色边饰的大褂，粉色边饰上用鹅黄丝线绣着几簇蜡梅。大褂下是一件淡绿色的月华裙，裙中褶皱中用七彩丝线绣着一幅山间松月图。女子若穿上此裙，行动中，褶皱内的风景若隐若现，好似月光映照下的美景。

也有女子着朱衣，袖边镶白缎阔栏杆，下着一件乾隆中期流行的凤尾裙，足着红色绣花鞋。这种裙子不再是一片布直接制成，而是用金银丝线将十几片裙布拼接在一起。因颜色艳丽，拼接形成的皱褶形似凤尾，故名凤尾裙。

除了这些衣服，一起送来的还有衣襟前挂的香牌，纽扣上挂的时辰表，香串、荷包等物。

这段时期，清代人崇尚浅色衣衫，尤其是镶粉色边的浅黄色衫等，下边配绣着各类花边的裙子和裤子。也有人喜欢在衣服的外面系橘黄色带子，带子垂在腰胯两侧，长度与外衫齐，行动处自有一种风流。

到了嘉庆、道光年间，此时女子大多穿一身低领蓝色紫裙，裙子上不再绣花样，但裙子底部会镶一道黑色栏杆，栏杆上用金色、红色等绣着牡丹芍药等富贵花色。衣服袖口处也会镶白边，白边上用全彩的丝线绣满和裙底栏杆上同样的富贵花色。

也有人喜好流苏垂底的风流，于是袖口和裙底的镶阔栏杆上会用略微简单的刺绣花色，并在长裙的束腰处，留下裙带，裙带上或者有珍珠银饰装饰，或有各种刺绣图案，裙带长至膝下。长袍外也会着镶有滚云图的云肩。也有的着团花绿衣浅红色裙，裙的镜面上绣桃花折枝数朵，披云肩垂流苏。

嘉庆、道光年间的服饰比之前的更为烦琐一些，刺绣图案上也更为精致，有些裙摆处只有巴掌大小的图案，竟也是用七八种刺绣方法才能完成。

也有些人为追求新颖，制作刺绣前，先将绣线用鲜花汁液浸泡，不同的丝线用不同的花朵，浸泡后再将这些丝线晾干。用这些丝线做成的服饰，几番洗涤也会留有淡淡花香。

同治年间，清代人的服饰花样繁多，制作烦琐，属于清代服饰精美的巅峰。此时清代人之间流行穿一种蓝缎地镶阔边的绸裤带，带子有数丈宽，顶端有卷云、珍禽异兽等绣纹。

女性虽然依然是长袍、大褂、小褂、背心等穿着，但下身已经不再只是长裙这一种选择，也有清代女人脱下长裙穿上了长裤。这种裤子并不裹身，而是极其宽大。裤长至足面，颜色多以墨蓝、黑色、朱褐色为主色，裤脚镶有白边、粉边等。这些镶边上用丝线绣着飞禽、花草等图案。因裤脚肥大，裤脚往往是大面积刺绣，精美异常。

但无论是着裙装还是裤装，清代人都有系带的风俗，腰带后垂至膝下为时尚。后来裙装上又出现在裙子上加飘带的装饰方法，飘带顶端成尖角，尖角处坠着金、银、铜铃，行动起来，叮当作响。

如果说晚清的服饰是反复的镶、滚、彩、绣，那么清末的服饰就一洗这些浮华，衣服的装饰也逐渐趋向于简化，曾经因为被汉化而逐渐放宽的腰身和袖口，也再次被渐渐收窄，显得简约而合身。

光绪中期，女性的袖口逐渐收窄，衣裙渐短，腰带过膝约一尺左右，走动时随风飘荡。有些姑娘会用手打出漂亮的流苏，并将流苏缝到腰带顶端，走动时，腰带摆动流苏呈现出另一种美妙效果。

光绪末年，女性的衣服大多选用湖蓝、宝石蓝、桃红和大红色。衣长均已经从脚踝缩短到了将将过膝。衣裙依然采用大镶滚做装饰，裙子上最多可加至二十条飘带，每条飘带顶端都会系上银铃，微微走动，银铃丁零脆响。

衣襟前依然有挂装金银饰物的习俗，有时候还会挂一些装有梅檀香料的小香囊，也有装有香脂水粉的小袋。

这段时期最流行的装扮是在袖边。女性在臂肘上用小镶滚，并且配以三四对手镯，女性的服装无论是外袍大褂还是长裙长裤都较之以往更修长一些，女性的形象更为清秀娴静。

清代末期流行起了假袖口，假袖口只用在满族人穿的旗袍之上，是指用不同的布料只做出一段袖子来，穿的时候将假袖口套在内部，神似又多穿了一件，假袖口的出现一方面是为了彰显身份和富有，另一方面则是为了旗装袖子的封闭性。

假袖口的用料极为讲究，装饰也和旗袍相同，追求华丽感和层次感。

清末的服饰可能更符合现在的审美，纤细修身，装饰简约而富有现代感。宣统至民国初年，一些时髦的女性开始用西洋花边装饰自己的服装，而一些传统女性的服装也在衣领处做出不同来。

宣统年间的衣领较之以往更高一些，甚至有些可以掩住脸颊。这一时期的镶滚也较之以往更为简单，前襟处虽然依然会挂有各种装饰物，但花样已经减少。

清末还有一个颇值得玩味的现象就是，旗人与汉人的装饰正在逐渐趋向一致，导致很多时候很难分辨他们。旗装用上了汉装才有的立领，汉人女子也不再是典型的衣裙装扮了，人们仅能从裹足和发型处可以区别满族女性和汉族女性。

虽然清朝只延续了近三百年，但反映在服饰上，每一段时期都有它的独特风格，无论生活在哪一段时期，女性都用她的柔美，装饰着这段璀璨的岁月。

第4章
三千青丝剃不剃，这是个问题

清代男子的发式也经历了数次演变：嘉庆以前为金钱鼠尾，嘉庆初年及中期，开始流行猪尾，清末演变为半光头。

清代以前，古人讲究身体发肤受之父母，无论男女老幼，连指甲都很少剪，更何况是头发。

直到满人入关以后，颁发“剃发令”，要求汉族男性剃发统一发型。这一法令引发汉人的不满和反抗。

于是第一次“剃头令”还未开始就遭到抵制，直到顺治二年（1645年），汉臣孙之獬再次向摄政王多尔衮提议重新颁发“剃发令”，这一次依然遭到了绝大多数汉人的抵抗。

但这一次多尔衮决定将“剃发令”执行到底，于是要求清军所到之处，无论官民，限时十日之内，必须剃头，削发垂辫，若有不从者，当街斩首。一时间街道上门可罗雀，几乎所有人都躲在家里，试图逃过剃发。

有些官吏为了博得上司的赞扬，在街市上抓不到人后，便直接闯入民宅内，见到留发的男人，直接由随行的剃头匠将头发剃光，搞得民间怨声载道。

清代初期，满族人的辫子并不是清宫戏里常见的又长又粗油光水滑的模样，而是细细一缕，雅称“金钱鼠尾”。许多百姓因为不齿这个发型，又称它做“老鼠尾巴”。

所谓“金钱鼠尾”，指清代成人男性的头顶只能留铜钱大小的一片头发，

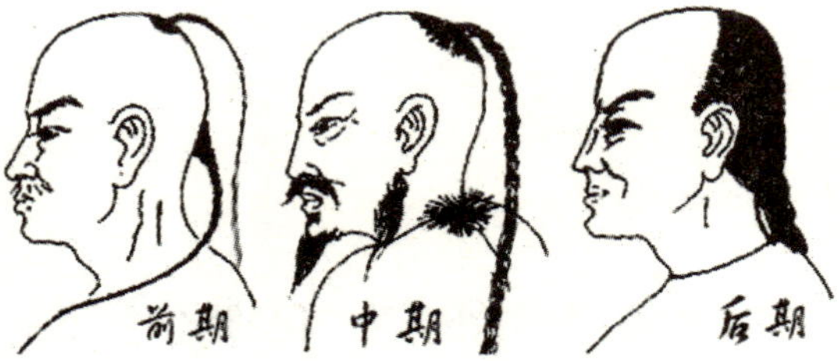

大于一钱者就视为反抗，轻者抓监牢毒打一顿，重者甚至被处死。将这缕头发编成小辫后，恰好能穿过铜钱中间的方孔。

满族剃发留辫的风俗大概源于对“马背文化”的崇拜，辫子象征马尾巴。也有一种说法称，满族剃发留辫子是为了日常生活的便利。满族常年游猎征战，剃掉头发后行动更为便利。

但无论如何，随着满族风俗的推行，汉族男性的发型也逐渐完成了从束发向结辫的转变。但围绕剃发留辫而引起的矛盾和斗争则远没有结束。

随着时间的推移，人们对于辫子的追求也不再是原来细细一缕的金钱鼠尾，而是追求长、粗、亮。至清代中叶，清代人头顶着发的位置虽然没变，但是面积却已经悄然扩大，从一枚金钱大小扩张到成人手心大小。

其实到了清代后期，大多数汉人已经接受了剃头这件事，但为了美观，汉人虽然剃了发，但头顶上的发量却开始逐渐增多，直到最后演变为我们常见的阴阳头。

所谓阴阳头，指把顶发四周边缘只剃去寸许，而中间保留长发。头发分三绺编成辫子垂在脑后。富贵人家的男性，为了美感，常会用辫坠，辫穗等做装饰品。

对于清代官员或者殷实人家而言，他们自然可以三天两头去剃，以保证其头面整洁，看起来精神焕发。但是对于贫民而言，根本没有经济基础保证让他经常性地剃发，于是若有机会行走在清代的街市上，一定会见到一些身穿布衣的成年男性，背后留一根长辫，但是前半头却是乱糟糟的短发。

在清朝近三百年的统治时间里，曾经抵抗剃发的汉人似乎也慢慢习惯了剃发这件事情，但是最后一场关于头发的革命也悄然出现在清末。

觉悟了的知识青年和学生掀起了打倒封建统治的革命，这些思想先进人士，把剪辫子当作革命的一项重要内容。

这些知识青年大多数是刚从西方留学回国，深受西方文化影响，在他们的意识里，辫子头是对人性的一种压迫和侮辱，于是他们毅然剪辫子，留起了短发。

可以说，清代末期的革命带来了剪发风潮，中国的剃头匠也终于放下了剃刀，拿起了剪刀。甚至有些剃头师傅变成了理发师，专心经营头上三千青丝这件事。

而剪发这一风尚甚至吹进女子的闺房，那些原本藏在深闺中的女性，也在革命的风潮中走上街头。她们将原本盘在头上的发髻拆下来，让理发师剪短。有些富贵人家的女性，因受西方文化影响颇深，还专门对短发做了烫发。

第三辑

朗朗盛世，恣意娱嬉

第 1 章
摔跤、斗虫，追求血脉偾张的刺激

在娱乐活动极为贫乏的清代，女性被束缚在闺房里，整日围着女红、育儿这些事情转，在那小四方院子里消磨生命。

但男性却并不如此，他们的娱乐生活相对要精彩得多，美酒、美食、美景、美人，无论是哪一样都能勾起他们的兴趣。

时间久了，他们也开始追求一种能让自己血脉偾张的刺激，于是以“斗”为主题的摔跤、斗虫、冰球……各种娱乐游戏就成了他们的首选。

满族人又称摔跤为“布库”，对他们而言，摔跤活动仿佛是日常生活中极为平凡的一件事。无论是各样大大小小的庆典还是遇到各种开心或烦恼之事，甚至在忙碌一天之后，找朋友喝酒的过程中，都可能摔上几次。

满族人入主中原之后，他们又将摔跤游戏带到了中原。随后又吸收了汉族摔跤技法，在清代统治者的推广之下，摔跤的风俗在清代达到了巅峰。

据说有一年冬月三十，皇宫里正在宴请百官。美酒佳肴，莺歌燕舞，皇帝及朝臣百官共同喝了几杯酒后，皆已有些醺醺然。此时管理善扑营的徐大人从座席上起身，走到宴席中央对皇帝叩首说：“近日善扑营里来了几位年轻人，他们经过训练后，其中有四人的布库之戏很值得一观，请求他们上殿给皇帝表演一番，以娱皇帝。”

皇帝自然大喜，不过半盏茶的工夫，宴席中央就被内侍整理出来一片空地。四位身高体壮的青年男子站在中央，他们身穿满族传统服装，身材魁梧，皮肤略黑，对皇帝行叩首礼后，四人两两分组，开始角力。

一人勇猛非常，几个回合就将对手扑倒在地，并用手牢牢锁住对手的双臂。而后再起身，其余三人合力围攻，两人呈包围之势，前后夹击，另一位则迎面直冲，试图用肩膀之力抗其腰腹，被围攻之人，只是略微弯腰，双手抱住猛冲之人，身体几番动作，三人就已经摔做一团。而后再起身，一人正面而上，直接搂抱住此人，其余二人用腿去绊此人下盘，但谁料此人虽身材不是四人中最魁梧者，但是下盘极稳，在三人的连番攻击之下，始终不曾倒地。

皇帝见这位男子身手矫捷，当场赏赐御酒两壶，白银五十两，善扑营的徐大人也因训练有功，一同被赏。

皇宫里的摔跤游戏虽然激烈，但为了更佳的观赏性，有些动作或技巧并不能施展，所以，在清代，若想看更刺激的摔跤游戏，还得去民间。

清代仅京城里的摔跤场地就不下二十处，东四、西四、日坛、月坛、天桥、朝阳门、永定门、崇文门等，都能见到“跤窝子”。

清代摔跤手有专业和业余之分，专业摔跤手不求姿势是否美观，只求在比赛过程中是否有机会获胜，因而他们的摔跤过程大多比较野蛮，有时候一场比赛下来，甚至会满头鲜血，但周围的看客却也因此被激起了血液里的野性。

专业摔跤手的比赛均有固定的时间限制，比如每月逢五、十，在永定门

外的摔跤场里，专设比赛，若想进去一观者，需要花百余文钱。进场后，场内还有一些售卖瓜子、花生等零食茶点的小贩。

场内是参加比赛的摔跤手，两人都光着上身，赤脚上阵。在相互见礼之后，一人上场猛攻，而另一人则满场游走，待一盏茶的工夫，原本猛攻的那位似已有些怒火，瞅准那人方位就要撞过去，那位也一改之前的退让，略一侧身就已经到了他的身后，再跳起来整个身体压在这人背上，任凭此人怒捶，始终紧紧抱着他不放。几个回合，终于分出了胜负，获胜者获得美酒和银子的奖励。

另有一种业余摔跤手，他们卖艺为生，虽然也会利用摔跤游戏赚钱，但比较注重表演和姿势。

行至天桥，远远地就听到了铜锣响，过去一观就能发现被几十人围在中间的是两名业余摔跤手。寒风里，这些摔跤手却裸着上半身，见围观人多了起来后，表演就开始了。

只见这两个人或蹲，或跳，或扑，或你抱我摔在地上，或我压着你寸步难行。周围的看客被二人的表演急得面红耳赤，忍不住为自己喜爱的摔跤手鼓掌呐喊，表演中间，会有一人手拿小盘围着观众收一点钱，钱的数目不等，几文，几十文都可，若是实在没钱，喝彩几声也没关系。

也有一些人练习摔跤只是为了锻炼体魄，娱乐消遣。这些摔跤游戏中主要以脚功取胜，下绊子、大鞭子、划钩子、搓脚、拨脚等，双方之间无论输赢，都会哈哈大笑，痛饮几杯。

除了摔跤游戏，清代人在冬季还爱玩儿一些冰上游戏，走冰鞋、抢灯、抢球、转龙射球、打滑挞就是其中几种。

清代初年，冰嬉只是军中训练的一种方式，时间久了，军事的目的逐渐被淡化，娱乐性逐渐显现了出来。

走冰鞋类似于现代的滑冰运动，冰鞋是一种特制的鞋子，鞋底是一块儿木板，木板中间固定着铁条，人们穿上这种鞋后，就能在冰上做出凤凰展翅、金鸡独立等各种动作。

走冰鞋的运动多了一些美感，但缺少了竞技性，所以一些清代人反而喜欢看抢球、转龙射球这类的冰上活动。比赛时，士兵分为左右两队，裁判会将一个球猛踢出去，众兵争抢，抢得球者则会将球重新抛出去，引别人继续争抢，最后由裁判判决哪队抢球次数最多，则获胜。

还有一种冰上运动是穿着冰鞋在冰上射箭，靶子远远地竖成一排，射箭者穿着冰鞋从左至右滑过，在此过程中连发数箭，中靶数多者获胜。皇帝后来将这项运动变成考验皇子射箭功夫的活动。

但这种活动因技艺要求较高，只是在清代的宫廷之中流行。

在民间也有几种冰上活动，其中打滑挞、堆雪人、挂狮象最常见。在冬天打滑挞，人们会从井里打了水，选好场地后，用水浇成冰山，冰山高三四丈，光滑无比，有勇猛者在鞋上绑一块儿猪皮，能最大限度地减小摩擦力，从冰山顶上一路滑下去，周围的观众欢呼声一片。凡是玩儿的，只要从冰山

上滑下，不倒地的，都算作胜利。

斗虫这一古老的技艺，在清代达到顶峰，从宫廷到民间，从君王大臣到贩夫走卒，喜欢斗虫的大有人在。有些达官显贵为了斗虫甚至会请专人来饲养，有时候一只品种好的斗虫，能价值上百两银子。

清代有斗蟋蟀的活动，参加比赛的两人拿出自己精心养护的蟋蟀，两只蟋蟀一起放在盆子中间，会有人用一根青草不断地拨弄蟋蟀，勾起它们的斗志，最后以一只蟋蟀或断足或惨死结束。

斗蟋蟀这项活动，不仅在京城，从南京到上海，各地都有斗蟋蟀的场子，甚至因此还产生了一些专门以捉、养、售蟋蟀为生的人。他们挑担提篮，售货于街头巷尾，出入于官宦富贵之门。

养、斗秋虫皆需用罐，养罐里还需要放上水槽、瓷牌等物，这些物品无论粗糙或者精致，都能从专门售卖这些的小贩那里购得。

除了斗蟋蟀，还可以斗鹌鹑、斗鶶鶊。斗鹌鹑既以搏斗定胜负，选种就非常重要。鹌鹑到手，还要进行饲、洗、把，然后才能上场角斗。江浙人喜好用笼子养着鶶鶊赏玩，春夏之交的时候，人们把自己精心饲养的鶶鶊取出来，隔着笼子相互搏斗，最后评选出胜负。

无论摔跤、冰嬉，还是斗虫，清代人试图在这些激烈游戏中，获得一种感觉刺激，以此宣泄情感。时至今日，这种通过“斗”，让人血脉偾张的游戏，依然盛行。

第2章

金石染墨，惊艳了谁的书房

书房内的各式文玩摆件之所以为历代文人墨客所推崇，主要在于其文质彬彬的特质，而这种特质的形成，又与文人的鉴赏把玩关系很大，因此有“雅玩”之说。

书房摆件自汉代开始兴起，唐宋时期得到发展，明清时期达到鼎盛。不少小巧精致的器具成了点缀书案和赏玩的陈设品。

清代一些追求闲云野鹤般生活的文人和在官场上失意的官宦们，在这些书房摆件的陪伴下，追慕宋元时文人的行止和心绪，避世逃遁，独善其身。

无论是酒瓢、笔筒、香筒、笔架，还是镇尺、臂搁、墨床、屏风、几案、棋盒，都是他们眼中的山林，心中的乐土。

清代文人和宫廷内府文房书斋案上总会陈设一些古玩摆件，并遵循“随方制象，各有所宜，宁古无时，宁朴无巧，宁俭无俗”的美学原则，哪怕是这些古玩摆件的座托、几架、箱盒等，纵然体形娇小，但无论是在用料还是工艺上，都得是气韵超拔的精品。康、雍、乾三代的彩绘、色釉瓷，因绝伦精美，更是常常出现在书房之内。

清前期各种手工艺制作繁荣发展。而这些内廷文房清供的制作均由造办处各作坊承办。

康熙皇帝曾招募各地贤才艺能者供奉内廷，并建立内务府造办处，造办处作坊林立，专门制作内廷御用和室内陈设器具，其中包括文房清供，数量委实可观。及至后来，无论行宫还是内廷，书写用具均摆设齐全，且珍品繁多。

此时，无论皇宫内院还是民间雅舍，都能见到瓷制文房器具的身影，如笔架、臂搁、笔筒、水丞形制等，种类异常丰富，且釉色多样，常用墨彩、粉彩、青花、单色釉、豇豆红釉、冬青釉、粉白釉、粉青釉、珊瑚釉等。

釉色指为釉上色，比如墨彩，瓷器烧制完成后，会有工匠调制墨彩，均匀涂抹于瓷器表面，而后进行第二次烧制，有时为了美观还会进行二次着色，或用彩墨在瓷器表面绘画，烧制完成后，极为典雅。

曾有人向康熙帝进献过一只白釉暗团龙纹太白尊式水丞，小口、圆腹、平足，釉色均匀，釉质细腻，随光线迁移，龙纹若隐若现，宛若真龙。

除下官进献之外，皇帝书房所用，无一不是内务府特制。康熙帝桌案上摆放的画珐琅莲瓣式水盛，宛若夏日荷塘盛放的莲花，粉色花瓣朵朵鲜艳。水盛还附有铜镀金水勺，盛水时，水波涟涟，似船桨搅乱一池湖水，美不胜收。

这一时期民间流行的紫砂器具也进入宫廷。因砂泥可塑性极强，故而内务府在制作时，造型时常出新，不拘一式，有圆形、方形、树桩形、竹节形等多种形制，并堆塑、施彩描绘，或水墨写意或山水人物，再现于笔筒之上。

内务府曾御制一件色泥堆绘大笔筒，白砂胎泥精细，通体墨色重彩，又用金沙在墨色之上，描绘出一幅水乡摇橹渡船的热闹场面。小船载满客人，河面波涛汹涌，人物簇拥喧闹，热闹场景尽收眼底。圆形笔筒中间留白，表现宽阔的河面，盈水之间，颇有千里江河之势。

除此之外，还有刻花水盛、笔洗、臂搁、秋叶笔掭、白果砚滴、题诗水盂等，均为出奇制胜之品，很受文人雅士喜爱。

雍正皇帝喜用玛瑙制品，其文房清供的制作，也多利用玛瑙的自然纹理巧做成各种水盛、笔洗等，颇显文雅。

雍正十三年（1735 年）正月，内务府制成“端阳节玛瑙松寿同庚花插一件，玛瑙福寿水盛一件，玛瑙福寿笔洗一件，玛瑙福如东海笔洗一件”，进献帝王。

木纹釉也是雍正时期的创新品种，其木纹釉色黄褐相间，纹理刷丝，俨然如木，几可乱真，以景德镇烧制的木纹笔筒最为成功。

这一时期，玻璃制品开始盛行，一些书房内常见的笔架、笔筒、水盛等多用此工艺。清代的玻璃制品虽不如后世技艺高超，但与当时同样的作品相比，其玲珑小巧、晶莹剔透的外观，依然备受皇帝的青睐。

雍正九年（1731 年），内务府制作玻璃笔架 20 件，20 件笔架自成一套，或双桃，或如意，造型吉祥富贵，摆放在皇帝的御书房内。

乾隆帝更是对这类书房摆件爱不释手，时常心血来潮让内务府大量制作文房器具。内务府为讨上位者欢心，更是铆足了劲儿生产，一时间导致书房器具堆积成山，有些刚刚做好就被赏赐给了朝廷文武大臣。

乾隆帝喜好古籍、文玩、字画，在位期间不仅内廷收藏丰富，还专设编纂馆，《西清古鉴》《西清砚谱》《四库全书》等都是在此间完成的。

乾隆御笔诗文画作之多，也是前所未有的，这些都需要大量笔墨。一时间作为书写必备的笔墨纸砚及文房器具的制作，也达到了极盛。

乾隆时文房清供的制作多以小巧精致取胜，笔筒、笔架、笔洗、笔山、砚屏、水盛、水注、砚滴、墨床、镇纸、花插均成为书房典雅的陈设。玉质笔洗的制作最具创意，形制也不拘一式，并与装饰内容融为一体。

这些书房摆件多以花卉植物为形，如白玉海棠洗、汉玉秋叶洗、白玉鹤舞升平梅花洗、白玉笔洗、碧玉莲叶笔洗，玛瑙葵花笔洗等，形式各异，因材施艺，成为实用与艺术完美结合的艺术珍品。

瓷制品也受到内廷的喜爱，一般多是地方官窑烧制进贡，成窑、宣窑、汝窑、官窑、钧窑等皆有，据记载有“汝窑墨斗”“官窑塘罗笔洗”“成窑印色盒各一件”“宣窑宝莲水盛”等。木纹釉笔筒、臂搁也是这一时期的流行品种。

乾隆时期珐琅文房器具种类多样，最具宫廷特色，有暖砚、笔筒、笔洗、笔架、水盛、镇纸、墨床、仿圈等，并出现多件成套制品，为处理朝政御用器具。

如画珐琅百花笔洗，造型简洁，装饰华丽，内壁装饰百花齐放，色彩艳丽，外壁装饰白地蓝彩缠枝莲纹，底内珐琅彩绘飞蝠和连枝寿桃，形式极为新颖。

嘉庆、道光以后，开始禁止扬州贡玉，或酌减贡物，文房器具的制作规模逐渐缩小，各地进贡物品的数量也明显减少。其质地、种类日渐式微，制作工艺也不及前朝。

随着清王朝的没落，书房摆件这样的器物，已不再是书房内必备的摆件。

第3章

街庙集会，舞狮、风筝欢愉了几条街巷

清代的庙会不单是祭祀类的文化活动，还增加了与生活、社会相关的经济商业活动。在这样的背景下，逛庙会就成了清代的一大特色。

逛庙会之妙在于一个逛字，从街头逛到寺庙、茶馆、戏园子里。每逢庙会，街市上就聚满了人，除了道路两旁的店铺外，原本宽敞的道路两边还聚满了推着独轮车的小商贩们。独轮车上货物繁杂，除了女孩子喜欢的胭脂水粉，还有小孩喜欢的风车玩具等，也会有一些商贩背着货物在庙会的街道上来回溜达。

清代的人们在参加祭祀活动的同时，大多都有逛庙会购买一些日常用品的习惯。尤其一些常年困在深闺中的姑娘，往往会趁着这种时机，在庙会集市上四处闲逛，好采购一些往常难以买到的物品。

说到庙会，妙峰山不得不提，每年旧历四月初一至十五日，妙峰山开山半个月，数以万计的香客们从京城前往，一路鼓钹齐鸣，好不热闹。

据《燕京岁时记》载："每届四月，自初一开庙，半月香火极盛。""人烟辐辏，车马喧阗，夜间灯火之繁，灿如列宿，以各路之人计之，共约有数十万……香火之盛，实可甲于天下。"

附近村民每年庙会前一段时间就开始准备，妇女们用晒干的麦秆编成草帽、扇子、花篮、草蚂蚱、草蝴蝶等物。男人则上山砍桃木枝打磨做成手杖，卖给来上香的人，据说这样的手杖可以辟邪。也有巧妇会用金银纸和各类彩纸等糊成元宝，或剪成金鱼、招财童子等手工艺品，寓意富贵招财。到了庙会时间，大家就摆摊叫卖，因为物品吉利，村民都能获利不少。

而京城周围的寺庙每年从正月初二开始就热闹起来，寺庙的僧人、住持们早已收拾好客房，备好了素食斋饭，等待众人来寺庙烧香祈福。京城内的女客、学生、平民、达官显贵们也早已规划好去寺庙祭祀的行程。

一大早，京城郊外的寺庙脚下，就多了各样车马，大家带着府中女儿内眷，在寺庙外等候。寺庙门开后，众人入庙烧香拜佛。

无论是城内还是城外的商人们都不会错过这个机会，有些几个月前就从南方购买了稀奇新鲜的物件，等到京城天暖就准备贩卖。

大家聚集在寺庙周围把准备好的货物摆放出来，摊子上多是玉葫芦、八宝结、平安符等，待香客从寺庙烧香祈愿出来后，这些商人开口吆喝叫卖，因这些货物外形美观、寓意吉利，生意也很不错。

每年正月初六至十六，北京厂甸庙会开始。在这段时间里，地摊一个接着一个，卖书画文玩、笔墨纸砚、古董碑帖的，卖玩具、针线、刺绣、布匹、小吃、首饰的，还有卖花卉、家具、成衣、碗碟、瓷器等日常用品的，商人们都会借着众人逛庙会的时机大赚一笔。

大部分来逛庙会的人，也都会买上几件称心的小玩意，图一个新年新气象、财运亨通的吉祥寓意。庙会不仅京城有，全国许多地方都有这样的风俗，

逛庙会成了清代的一种文化风尚。

庙会上除了常规的商品买卖方式之外，也有商家独辟蹊径，通过做游戏的方式，与观众产生互动，让观众在玩乐的同时，心甘情愿地掏了腰包。

元宵节，京城庙会上许多商铺门口都会摆放各式各样的花灯，这些花灯或是兔子、狐狸、小牛等常见的动物，或是荷花、兰草、莲蓬等花草形状；还有一些用素色纸做成灯壳，外面画上梅兰竹菊等物。商家都会在这些花灯里放上一些字谜等人来猜，凡是猜出字谜的均有不同的彩头。

文人雅士大多喜爱这类雅俗共赏的游戏，有时候即使没猜出字谜，也会花钱买下某个喜爱的彩头，图个吉利。

每逢庙会，京城最热闹的地方除了街头，就是戏园、茶馆了。这些地方虽然也分三六九等，但无论是贵族官员还是市井百姓都能找到适合自己的地方。台上名班名角演绎各类传奇故事，台下众人喝茶吃茶点，享受喧嚣里的惬意消遣。

清代的街市庙会不仅有小摊商品，还有演曲艺、杂技的。清代庙会上的杂技可以分为技艺、幻术、马戏、滑稽四大门类。

京城庙会中，一大波人围在了一起，时不时有惊呼声传出。在包围圈内正有一个杂技班在表演。软索高高悬挂在两根数丈高的立杆之间，有一位年纪不过七岁的女童只穿厚袜立在软索之上。女童手上持有一根竹竿，竹竿两头分别有一块石头，这根竹竿的主要目的是让女童能在软索上保持平衡。

女童如履平地般从软索这头走到另一边，然后再转身走回来，如此反复数次后，待自己已经适应了软索的摇晃，便丢掉竹竿，重新走到软索中间，在观众的惊呼声中，盘腿坐下，而后逐渐将两条腿伸展开，整个人横卧在细细的软索上。软索被压出一个不大的弧度后，随着女童的动作左右摇摆。

卧躺之后，女童再次站立并抬起一足，单足站立在软索之上，然后在变换几个动作之后，女童从下方人手中，接过竹竿，将其从双手横持变成横背在肩膀之上。如此反复数次，周围的观众早有人丢下了数枚铜钱。

但表演并未结束，女童在软索上荡了一会儿后，走下软索。早有一妇人等在一边，递给她一条手帕，女童用手帕遮住双眼，再次回到软索之上，前后左右晃动，凭感觉在软索上来回走动，随后起身一跃，身体倒挂在软索之下，足尖紧紧钩着软索，如此反复几次，惊得观众目瞪口呆、拍案叫绝之后才走回地面。

除了软索表演，庙会上偶尔还能见到登技艺术。清代的女杂技艺人李赛儿的嫂子是这一艺术的佼佼者。

表演之初，其嫂躺卧在地面上，双脚离地笔直竖起，有一八岁儿童躺在其双脚之上，随着她的动作反复起立，偶尔还会踩在她的两脚之上，做在平地上行走之意。表演一会儿之后，儿童下地，其嫂登上一张桌子，桌下一人抛起一个花瓶大小的木槌，其嫂用双脚接住后，仅用一只足尖反复踢打木槌，将木槌抛起又接住，令人眼花缭乱。最后上粗下细的木槌竟然在其足尖上不断旋转，并不掉落。

随后其嫂再逐一登上五层桌子，最后仰卧在最高桌子之上，脚上立一直梯。幼童站在直梯之上，仅仅依靠其嫂和自己的平衡力在不大的梯子上反复做出各种动作；最后幼童起跳，其嫂丢下直梯，瞬间用脚接住幼童，表演结束。

除了软索、登技这种技艺性的表演形式外，清代的庙会上还有口技表演。表演者仅凭一张嘴，便惟妙惟肖地模仿出大千世界万物万象的声音，人们只闻其声就仿佛身临其境。

幻术自古以来就是杂技中很重要的一个组成部分，幻术又称为魔术、戏法，清代常将幻术艺人称为“变戏法的”。

表演幻术之人大多是依靠自己的手速，或者依靠道具等物，表演出令人匪夷所思的幻术。清代的幻术有五百余种，其中部分是对前朝的继承，还有部分是原创。

幻术的绝妙之处在于能无中生有，原本手中空空，一眨眼间，手中就能变出一些东西来。

大户人家爱看幻术表演，尤其是幻术中的“百子图”，表演者用一个空盆左右展示之后，将盆子倒扣在地面上，随后做出一系列动作之后，拿起盆子，盆下便多出了一个幼童。而后再用大布裹住盆子，将幼童盖住，再拿起，儿童已消失不见。

曾经最有名的幻术表演者曾从一个盆下，成功变幻出数十个幼童，最后幼童又都隐去。

在清代，百子图这种多子多孙的表演恰能迎合大众盼子的愿望，所以每次杂技艺人表演百子图，最后都能有不错的收入。

百子图的幻术表演属于大型幻术，并不是所有人都能完成。庙会上更多的幻术表演是一种戏法，比如在手中放置几粒豆子，双手握住，呼出一口气，再摊开手，豆子已经消失。或者把玩几枚铜钱，眨眼工夫，铜钱就变成了五色彩钱。

还有一种是隔空取物，即在众人围观之下，表演者并不触碰某物，却能隔着距离将身边之物放到远处，并再将远处的东西换取到眼前。

清代末期，西方的魔术传入我国，庙会上的幻术表演又多了一些其他的样式，虽然对我国本土的幻术形成一种冲击，但不得不说，庙会集市上的幻术表演形式也因此更加多样。

清代庙会上还有一些极具特色的风俗，比如一些庙会到了晚上常常会有烟火、云车、舞龙、舞狮等表演。若是春季，庙会上还有放风筝竞技表演。山东是风筝最早的起源地，而到了清代这项活动已经流行到全国各地。至乾隆、嘉庆年间，庙会上放风筝成了人们不可或缺的一种习俗。

白天放风筝，晚上就是舞龙舞狮的表演了。节目开始后，几人身穿狮子服装在前领路，身后跟着的各家姑娘、婢女等手持花灯前往祖庙祭祀，有时候还会有大秧歌。

清代的庙会图一个“闹”字，无论是男女老幼，大多都想趁着这个时间，松散一下被压抑许久的身心。寄托神明保佑也好，纯粹采买玩乐也罢，大都是图一个身心愉悦。

第4章

养一只宠物，排解了宫闱寂寞

故宫的景色很美，美的不只是那游园走廊，龙廷凤榻，还有数百年历史沉浮中的人与事。

清代的后宫总是庄严而神秘，三千佳丽被一道高高的宫墙阻隔，墙外是黎民世俗纷纷扰扰的生活，墙内是深宫寂寞与钩心斗角交织的富贵荣华。

“庭院深深深几许，杨柳堆烟，帘幕无重数。”纵然只是宫外百官富户之家，一道围墙便是一个女子婚后唯一的风景，更何况清代后宫有着当时全国最高的宫墙。

对于清代后宫的女子而言，雕梁画栋的后宫不过是一个更为精美、镶满了翡翠玉石的大鸟笼罢了。“鸟笼子”里的妃嫔们，看似得到了全天下女人都渴望的富贵，却在日日夜夜里品尝着不为人知的寂寞辛酸。

对于这些幽居深宫大内的后宫佳丽而言，尤其是“集万千宠爱于一身”的妃嫔，她们不必愁苦于日常的衣食住行，无须计较这一年是否风调雨顺，也不用关心苛捐杂税。她们无须为生计打拼，只需要琢磨帝王的心思，用尽心思去博得帝王宠爱，养尊处优地生活罢了。

但后宫女子的活动范围非常有限，不同品阶的妃嫔们在后宫内的活动范围，也会受到不同程度的约束，后宫某些地方也是她们万万不能踏足的。

特别是清代后宫里的宫女们，她们终年生活在高压的环境下，稍不留神就可能丢了性命，甚至祸及家人。

然而后宫里，比这些灾祸更残酷的则是后宫女人孤独地老去。

清代皇帝三宫六院，虽然三千佳丽只是一个虚数，但实际上妃嫔的数量也并不会太少。身处在当时世界上最繁华的宫殿里，她们必须学会的一项本领就是排遣寂寞。

清代的后宫里可以打发时光的玩具很少，后宫女子甚至开始靠抽烟、打牌、做针线来消磨日子。

虽然后宫是一个尤其看重名位的地方，从皇太后到贵人、秀女，并不是每个后宫女子都能生活得奢华而尊贵，但是她们的寂寞孤独却是相同的。久而久之，宠物成了后宫妃嫔们唯一能获得温情的慰藉。

清代的后宫养了众多供人玩赏的动物，这些动物一部分来自各地官员的进贡，比如象征吉祥的白鹤、品种珍贵的波斯猫等，也有少部分是宫中派人捕购的，例如妃嫔们喜爱的猫咪、小狗等。

后宫里的宠物有专门的机构负责喂养，其中不只有猫咪、八哥、鹦鹉、狗这样温顺的小动物，还有一些体现出皇宫气势的大型禽类和猛兽，例如养在御花园鹿苑中的梅花鹿，放养在宫廷院落之中的仙鹤，笼子里圈养的猛虎、狮子等。乾隆年间的后宫宠物，以鸟居多，这大概和乾隆帝爱鸟有关。也因此，在清代的东华门内设有鹰房。

但真正能排解后宫妃嫔寂寞的宠物，主要还是鸟、狗、猫、蟋蟀、蝈蝈等。

为了投其所好，各地官员想方设法弄来珍禽异鸟贡献后宫。妃嫔一是为了排遣寂寞，二是为了投帝王所好，更是喜欢养鸟，这些鸟的品种很多，有雉鸡、锦鸡、画眉、百灵、火鸡、相思鸟、瑞红鸟、阿春鸟、金钱鸟、太平鸟等。

这些鸟初入后宫，无一例外都需要先经过皇帝“御览”，皇帝满意后才能够送到专门的养牲处饲养，专人调教成功后，再赏赐给妃嫔。

曾为乾隆帝生下五阿哥的愉妃，曾经被皇帝赏赐一只百灵鸟。当时那只百灵鸟训练有素，已经可以学各种鸟兽之声，百灵鸟的出现，为愉妃寂寞的宫廷生活，增添了为数不多的灵动生气。

而后宫里的一些妃嫔则更加喜欢擅讲人言的八哥、鹦鹉之类的，虽然一只鸟的价格有些达到了数十两白银，足够一户人家一年的日常生活费用；但对于宫中而言，不过只是买来打发寂寞的玩赏之物。

让人没想到的是，清朝的雍正皇帝也喜欢养宠物，他有两只爱犬，一只叫作“造化”，一只唤作“百福”。

雍正帝的这两只宠物可以说享受着极高规格的服侍，它们身上所穿衣服，均是专门聘请裁缝量体定做的。为了能让它们穿得舒适漂亮，雍正帝曾专门下过一道圣旨给裁缝：“给造化狗做纺丝软里虎套头一件，再给百福狗做纺丝软里麒麟套头一件。”

而等到衣服做好后，雍正帝会亲自检查。若是发现哪个纽扣做得不结实，哪个细节做得不够漂亮，哪件衣服的材质穿上后会让狗感觉到有丝毫的不舒服，他都会大发雷霆，命人重新来做，甚至可能会因此累及整个后宫的针线房。

除了在吃穿用度上雍正帝对这两只爱犬照顾有加，为了能保存下这两只爱犬日常点滴和成长中的变化，他还专门聘请了一位西洋画师，专门为“造化”“百福”作画，每日守着这两只狗，画下它们的点滴日常。

若是哪只狗的身体画小了，毛色画得不对，尾巴画得不够生动或者短了，都得重新画。

日理万机的雍正帝甚至还为这两只爱犬设计了狗窝、狗笼、狗衣、狗垫，其尺寸、用料、样式、图案，一丝不苟，并再三谕令有司精心制作。

无论是养猫狗还是彩鸟做宠物，都花费巨大。对于深宫里的宫女，甚至一些品阶较低的嫔妃而言，根本是养不起的。

她们的宠物更多是蝈蝈和金铃子。在春季到来，万物复苏的时候，宫内的妃嫔们就开始迫不及待地行动了。

她们命宫女、女官们沿着墙角种下葫芦种子，日常惦记着给葫芦浇水除草。

她们种植葫芦的目的当然并不只是观赏。等到秋天的时候，宫女们会把已经成熟的葫芦摘下来，挑选那些品相优质的小葫芦，擦洗干净后，再把葫芦从头处割开，取出葫芦瓤子，这样一个可以装养蝈蝈或者金铃子的器物就做好了。

有些宫女根本无钱来买那些上等的蝈蝈、金铃子，甚至还会趁着不当值的时候，在墙角、篱笆、树林中寻找一些野生的蝈蝈来养。

宫女们养蝈蝈或者金铃子更多的是为了听一听它们的声音，聊解寂寞。

后来随着清代朝廷的日趋没落，曾经像雍正、乾隆帝那样为了一只宠物消耗百两甚至千两银子的时代逐渐远去了，但是后宫中养宠物的习惯却一直保留了下来。

无论是白鹤、苍鹰，还是猫狗、画眉，或者价格低廉的蟋蟀、金铃子，它们的出现都曾温暖了身处寂寞深宫里的娇媚女子的内心。

第5章

青楼赌场，承载了一个时代的欲望

清代之初，因律法严苛，娼妓业并不发达。但到了清代中叶之后，物质生活丰富，人们在饱暖之后，自然开始崇尚奢淫之风，妓业开始苏醒。

曾经弥漫靡靡之音的秦淮河畔，在经历过清代初期的萧条之后，再次繁荣起来。“扬州瘦马”之名，顺着蜿蜒的秦淮河，传到了全国各地。

清代中叶，扬州内出现了一大批富得流油的盐商，整座扬州城，歌舞升平，奢靡躁动。富人们开始崇尚以“瘦”为美的审美新风尚。

而秦淮河艳舫上的妓女们为了赚钱，费尽心思满足富商们的审美，“扬州瘦马”由此而来。

秦淮艳舫上的“瘦马”多是一些穷苦人家的孩子，在六七岁时候，被家人或是人贩子卖了去，而后开始对她们进行苛刻的训练。

“瘦马”光是体形瘦还不行，其举手投足，一颦一笑都必须妩媚动人，要勾得富商巨贾们心甘情愿耗费千金来博其一笑，有些“瘦马”的行动举止，甚至比一些大家闺秀还要文雅。

这样精心调教出来的“瘦马”，其价值可能达到上万两。也因此，有些“瘦马”的日常起居，吃穿用度比一些小家碧玉更要精致。

“瘦马”之间同样存在着等级制度，最高一等的姑娘，身形玲珑有致，瘦弱无骨，用手触之一片白香腻滑。这些姑娘自幼就被教授抚琴吹箫，吟诗作画，写字围棋，打骨牌，下双陆棋，其间还会教授她们各样精细的化妆技巧及服饰搭配、插花审美等。姑娘们也会尽心学习，企求因此被一些豪门大户看中，赎身买去。

略次一等的姑娘，虽然面容姣好，但或是身形不够妖娆，或是声音不够婉转，不过是略识得一些字，弹点曲子，她们主要会被训练成财会人才，懂得一些记账管理，这类姑娘最后往往会被一些商人瞧上，日常带在身边。

最次一等的姑娘，无论是从样貌，还是举止上，都不能和上面两等做比较。但并不代表这些姑娘不漂亮，即使是最次一等的姑娘，她们的容貌若是和寻常人家的姑娘相比，也是娇羞可人了。这类姑娘并不识字，只在女红、裁剪、厨艺这些寻常主妇的技能上下功夫，目标客人也只是寻常商贾。

当然，人贩子对姑娘们如此煞费苦心地训练，也只是为了将其卖一个好价钱。繁华的扬州城，从来不缺少“瘦马”的身影，在经过严苛训练后，她们就会被卖到全国各地。

“瘦马”在买卖过程中，并无什么尊严可言，她们就像是一件货物般，让人讨价还价，左右挑拣。

这日，秦淮河最大的艳舫上，有最新的“瘦马”要被出售。这个消息在一个月前就开始从这条艳舫上扩散。早有富商巨贾得来了消息，有些商人前几日就乘船赶来，船上多是用箱子盛放的金银珠宝。

晚上时间已到，富商们也早已被艳舫内的姑娘们妥帖地安置在大厅之外，香茶脆果摆了出来。

随后，艳舫后面搭着的纱幔被掀开，有牙婆扶着一位瘦马出现。甫一现身，其妖娆的身段就令在场的富商惊叹。随后牙婆站在一边，对其言“姑娘拜客”。

瘦马便遥遥一拜，再曰“姑娘往上走”，其便向上走，立在艳舫台阶之上。再曰“姑娘转身”，其转身而立，娇媚的容貌再次显露在众人之前。

又曰：“姑娘借手瞧瞧。”将其袖子全部撸起，露出香脂白膏一般细腻的肌肤。

又曰：“姑娘瞧瞧相公。”其转眼偷觑，水波流转，盈盈动人。

此时有富商按捺不住，大声问询“姑娘几岁了”，其回答声似黄鹂，婉转动人。富商们自此开始竞相出价，价高者则可将其领回家中。

这类能够被富商挑中的“瘦马”应该算是幸运者了，而那些没有卖出去的，最后都会被卖进烟花柳巷。笙歌燕舞，脂浓粉溢，夜色深处，多少“瘦马”无人记得。

清代，艳色可以与秦淮齐名的，也只剩下苏州城了，其画舫笙歌，金粉之声，丝毫不亚于秦淮。

清代苏州人买女子就像是买一份产业，在当地，越是富商巨贾，越要买上一些姑娘，以示自己财力雄厚。也因此苏州人对待妓女的态度要更不羁一些。

道光初期，上海黄浦、南京这些临水的码头，因往来货物，经济发展迅猛，甚至随着中西沟通频繁，在上海黄浦渡口还出现了西洋妓船。这些西洋妓女每年一二月随船而来。

咸丰时，京城内的八大胡同早已成了娼妓的出没之地，每到晚上，家家户户门前挂着水红色的大灯笼，门口贴着红纸，香车络绎，游客如云。不少京城八旗子弟及达官显贵闲暇之余均会到八大胡同里饮酒作乐，呼朋唤友，玩闹声震耳，同僚也不以为怪。

对于清代的达官显贵、富商巨贾而言，除了美色，还有一种娱乐文化在这个阶层蔓延，那就是赌博。赌博因其风险性，极大满足了他们奢靡的欲望要求，甚至愈演愈烈，整个社会都被这种风气腐蚀。

赌博兴起的历史久远，赌博的过程虽能满足人们寻求刺激的目的，但也极具风险性。有人可以一夜暴富，但更多的人会在这张赌桌上输掉全部的财富，乃至身家性命。

旗人不能开设赌坊，若是被发现，则被发配往极边之地充军，若有再犯，直接判处绞刑。官员若是赌博，则罪加一等，革职、杖一百，枷号三个月。民间更是严禁开设赌坊，不能私自聚众赌博，若有发现，按照律例治罪。

由此可见，在清代之初，政府对于赌博的惩处，不可谓不严厉。但赌博现象虽令未止，甚至越禁越烈。

清代称赌博又叫作博戏，作为一种日常消遣的玩意，名目繁多，斗骰子可以说是当时最常见的一种赌博形式。

每年除夕，清代人齐聚一堂，在嬉笑玩闹时，就有人拿出了几枚形态精致的骰子，妇女、儿童纷纷以骰子点数大小为乐。这种家族内的骰子游戏和赌坊内游戏不同，家族之间的玩乐只是一种消遣，赌坊内的博戏才是真正的毒瘤。

在清代京城之内，许多士绅子弟和文武大臣，每有闲暇，就会偷偷到赌坊里玩儿上几局，有些人因此荒废学业，几代的财富积累，一夜就输得精光。有些人深陷赌博泥潭，导致父母双亲因此病逝，族中房产也被变卖。

到了清代末期，赌博已经变成了一种病态的社会风尚，从皇宫内院到民间，从朝臣到贩夫走卒，随处可见有人聚众赌博。

第四辑

桃李东西，知己南北

第1章

纵使相逢先行礼，尊卑有别不能错

中国传统社会极其重视尊卑有别，清代尤甚。尤其官场上的礼度和称谓言谈极讲分寸，特别是皇帝或皇太后召见内外大臣，大臣们觐见、奏对，更要遵守礼仪制度。稍不注意就会“失仪”，最轻者也要罚俸，重者还会降级、革职甚至判刑，因为这些都有礼仪规章。

某次早朝结束后，礼部尚书纪昀被皇帝召见。听完传召太监召其进殿旨意之后，纪晓岚略整官袍，进殿后端正姿势，在马蹄袖上左右各拍打一下，然后向前迈左腿，左手扶膝，右手下垂，右腿半跪，眼睛保持平视，而后道：“臣纪昀恭请皇上圣安。”

因纪昀是汉族大臣，面圣时需要自称为臣，而满族大臣面圣时则一般自称为奴才，比如若是和珅被召见，虽然礼仪动作都和纪昀相同，但说的话却是“奴才和珅恭请皇上圣安”，这种请安的仪式，清代人称之为“打千”，也是最普遍的官场面圣礼仪。

现代网友常在调侃之中说“跪安吧”，但在清代“跪安”这个礼节行于皇宫和王公府第以及宗室家庭中。跪安的姿势和请安的姿势，相同部分是先端正姿势，左腿向前迈步。但跪安时右腿须全跪，然后左腿也跪下，右腿随即起来，左腿也起来，恢复立正的姿势。这一连串的动作要节奏均衡，不可慌忙，不可拖拉。

皇帝召见官员时，会有内奏事处太监带应召官员到暖阁门前，掀起帘子让官员进去，太监退到殿外。官员进门后先行打千礼，然后起立，走几步到皇帝面前，再次跪在毡垫上奏对，奏对结束后，在皇帝说“你下去吧”之后，官员才能起来跪安离开。

即使离开，官员也需要面对皇帝倒退几步，再转身出门，若是在奏对过程中有谢恩的事情，则在原地叩头，说“谢皇上圣恩”。如果在奏对时说错了话，就摘下帽子，以头碰地一下，表示承认错误。跪奏时大臣们与皇帝的对话极其简明扼要，不像现在影视剧中长篇大论，喋喋不休，因为说话越啰唆，跪的时间就越长。

曾有一位大臣就因年老体弱，在奏对的过程中体力不支发生了摇晃扑地的情况。

皇帝日常晨昏定省见皇太后时，进门要跪安，退下时也要跪安。

太监有事向皇帝、太后、皇后、妃嫔等诸位启奏，王公府第及宗室家庭中晚辈见长辈、奴仆见主人，都要跪安。

清代某些后宅内眷也会有面圣或者参加大典的机会，这些人无论是公主、格格还是各品官命妇都需要穿朝服，行大礼。大礼有一肃、一跪、三叩及六肃、三跪、九叩的区别。

肃是清代官家命妇所必须熟知的行礼方式，动作和女子请安动作没有太大差别，请安前，先端立原地，腰背挺直，两膝盖慢慢下蹲，再慢慢起身，双肩保持平稳。

康乾时期，来华的西方人为了能争取皇帝的好感与信任，便学着中国的官员开始对皇帝行跪拜礼，但到了清朝后期，国力衰弱，外来使者开始挑战清代传统的跪拜礼。

到底跪不跪？双方又开始了新一轮斗法。经过长时间的交涉，最后清政府在西方的压力下被迫做了妥协，公使觐见时不行跪拜大礼，改为鞠躬礼。

清代民间的相见礼俗比宫廷内的礼俗要简单得多，但由于各民族风俗习惯不同，还是有相当大的差异。

汉族之间的见面礼比较简单，两个汉族人若是街边相遇，大家互相拱手示意即可，偶尔或会寒暄几句。

见面作揖是清代北京居民最常用的见面礼，日常出行若是与街坊见面，双方作揖打拱以示友好。若有客人上门拜访，那么客厅座位的摆放也十分有讲究。客人递交名帖之后，管家会邀请客人至正堂，主人直接在正堂门口迎接客人，客厅内的座位摆放位置也会根据客人的身份来确定。

根据客人社会身份的高低尊卑，以及和主人感情的亲疏远近，客人的座位或者和主人平行，或者处于主座下首。

清代乾隆年间，满族之间见面则多用抱见礼，这种礼仪又只限于亲人久别重逢或即将分别。行礼时，双方无论同性还是异性，皆抱腰接面。

后来随着社会的发展，汉族文化与满族文化发生大融合，满族也受儒家思想文化的影响，渐觉此礼不够雅观，清中叶后，渐渐改行汉族执手礼。

遇到重大庆典或者节日，还会有独属于节日的礼仪，拜冬礼就是其中的一项。

冬天悄然临近的时候，全国各地的街市上就开始热闹起来，大家纷纷出门开始准备过冬要穿的棉衣、要储存的粮食等，还有随后马上要来的冬至、腊八节、新年等。

冬至当天，许多人会出门拜亲戚。篮子里是各家自己做的特产，虽然并不值多少钱，但却是最质朴的一份心意。拜礼一般先从最尊贵的亲友开始，无论男女，在冬至这一天都会穿上新衣或者自己最拿得出手的衣服，到长辈家恭恭敬敬地磕头行礼。若是平辈之间则相互作揖拜贺。然后是周围的四邻，相互赠送了礼物之后，说一些来年继续多加照顾的客气话。

街头上的人，口袋里大多会装着几个封包。封包大多用红纸做成，上面印着金字或者“大吉大利”“富贵满堂”的字样。封包里是数量不等的银钱，若是这个时间在街头遇见了，其中一方若是长辈，则需要给小辈一个封包，不在乎银钱的多寡，只是求个吉利喜庆。

士兵若是参见上级军官，因为身上有盔甲，只需行屈一膝或半膝的请安礼。在八旗人家和部分汉族官宦人家，晚辈见长辈，平辈中幼见长，奴仆见主人，都行请安礼。

中国号称“礼仪之邦”，到了清代，传统礼仪更是体现在社会生活的各个方面。大到国家军政，小到衣食住行、举手投足，无不体现着当时的文化。

第2章

亲疏远近，淋漓尽致体现待客有道

清代人的待客礼仪，也因为双方之间的亲疏远近和阶级、身份、地位的差异而有所不同，这种差别表现在迎客、宴请、送客的风俗上。

京城礼部尚书杨大人近日打算到同僚赵大人府上做客，为了表示尊重，杨大人在几日前就已经着府内管家，将自己的名帖送到赵大人府上门房处。

当日，赵大人听到门房的禀报，早早就站在正堂门口迎接，双方进行完一番客套的说辞之后，赵大人请杨大人到正堂茶叙。

正堂迎面摆放了两把同样高度的圈椅，两把椅子放置在同一条线上，面朝同一个方向，这是因为二者在朝堂上地位相当，圈椅中间摆放一张四方桌子。

早有丫鬟到后院沏了一壶清茶过来，茶是明前龙井，只有贵客上门时才会被拿出来待客。

宾主尽欢之后，杨大人提出离开，经过几次鞠躬行礼挽留、推辞后，杨大人被送至大门口，官场同僚之间的迎客和送客才算结束。

清代官员们在官场上的应酬交往中，谨遵各种规则，稍有差错就可能得罪同僚，甚至因此被问罪。

有钱人家若是谁家有客要来，主人在接到消息后，早早地就站在大门口相迎。客人来到时，主人要尽快向前迈出一步，张开手来相迎。

客人到来后，双方相互行礼寒暄，方可进入宅院，一路上若遇见台阶和小门，客人会微微弯腰，做鞠躬行礼状。

进入正堂后，分宾主落座。坐下之前，双方再次行礼，宾客才能正式入座。

丫鬟们将茶送到客人手边后要半弯腰行礼，而后退出。客人要走时，主人要一路从正堂送至大门口，一路上依然是行礼作揖，客人则回以各种溢美之词感谢主人的招待。

当然，这样的迎客送客礼俗，即使出现在民间也是一些有身份地位的大户人家，至于那些寻常百姓，或者邻里之间的交往，这些迎客送客的礼仪则简化随意许多。

在清代，从民间到宫廷，从商场到官场，无论哪个阶级，哪种身份地位，都需要通过宴请来进行人与人之间的应酬、沟通，并且这是最简单快速而有效，受到人们广泛认可的途径。

凡遇宴请，宾主最为重视的就是场内客人的座次排序，这些座位在不同程度上显示出彼此身份、地位的尊卑贵贱。

民间生活中如此，官场上更是如此。清代人在请客设宴时，对于席次、座次都是经过多番深思考量的，请长辈、老师、邻里中年长者为客，必请之上座。

不论是在室内、室外还是堂上，座次都有贵贱之分，在室内宴请时，背靠西墙东向坐是最尊贵的座位。其次是背靠北墙的南向座，再次是背靠南墙的北向座，最卑微的座位是背靠东墙的西向座。

清代著名学者顾炎武曾提出“古人之座，以东向为尊”。若是在堂上宴请客人，最尊贵的客人则换到南向座，其次是西向座、东向座，最后才是北向座。

凌廷堪曾在礼学名著《礼经释例》一书中提出堂上宾客座次以南为尊的观点，并且结合顾炎武曾经的论点提出“室中以东向为尊，堂上以南向为尊”。

光绪七年（1881 年）正月十三，皇帝在乾清宫宴请各位亲王。乾清宫内早早就摆出了苏宴一桌，小宴桌一张。皇帝坐在御座上，御座下首东西两侧分别设头桌和二桌。各位亲王根据品级及亲属远别依次坐下。

清代除了皇帝宴客之外，民间亦有宴客的习俗，民间的宴客和宫中的有很大的区别，民间宴客主人和客人围坐在一张大桌子上，一般情况下面对门口的座位为主座，是留给主人或者最尊贵的客人，背对门口的位置为最卑微的座位。

宴席开始后，为了表达对同桌人的尊重，在餐桌落座之前，清代人会系好衣带，整好衣襟，衣冠整齐入席。

第3章

馈赠礼物，不过是人情世故

中国社会是极富“人情味”的，身处在整个社会的洪流之中，每个人都不乏人情往来，清代的官场亦是如此。

清代人对送礼这件事的称谓大不同，臣属对皇上的敬赠，称之为“进贡”，皇帝对臣下的恩赐被称为“恩赐”，而平民之间的馈赠则被称为“礼赠”或“送礼”。

对于清代社会中的平民百姓而言，人情往来不过是你给我半斤肉，我还你二尺布。今天东边儿娶媳妇送去五百文，明天南边儿回门再送三百文，自己家乔迁新居，邻家送来猪肉、鸡蛋、米、油等。

民间的社交，送礼大多有一些由头，贺寿、新婚、乔迁、小儿满月、成人、家中丧事等等，这些礼物也都依着自己家的经济情况而定，家中富有的送一些肉类或几百文钱，甚至可能还有一些金银首饰，家中贫苦一些的只送来一篮子鸡蛋也是有的。

但对于清代的官大人而言，送礼实在是官场上最讲究的一件事。逢年过节，或是进京述职，同僚、上下级、亲朋好友之间都会需要送礼。

每年岁时，对于远在各省的官员和天子脚下的京官来说，如何给上司家送礼都是一门学问。清代送礼名目繁多，仅常规项目就有炭敬、冰敬、别敬、团拜等。

“炭敬”是指孝敬上司冬天烧炭的取暖费，“冰敬”是送给上司夏天买冰消暑的钱，“别敬”是离别京城时的“分手礼”，“团拜”是同乡、同僚每年新春“团体拜年”钱。

腊月还未至，无论是京官还是外放的官员都开始忙起来了，外放官员每三年需要回京述职，即便是京官临近年底也需要去给座师、上级拜年。能不能在官场上再进一步，或者到一个富饶之地任职，上司的官评至关重要，所以无论是谁，节寿礼都必须用心准备。

刚进入冬月，外地官员的炭敬送到了京城，每年单是这一项就需要耗费不少银两。每一笔炭敬封装在一个漂亮的信封中，信封上虽未直接写明礼金数目，但依然用着各种方式暗示了出来。

最常见的是写有“梅花诗八韵”的，则意味着信封中有八两，尤其是一些大数目的礼金，更是要用这样隐晦的法子拐弯抹角地写出来，比如送给自己上司的是一个上面写着“孟津一渡”的信封，里面并不是什么字画，而是八百两银子；送给自己老师的是“三轴百寿图”一封，里面是三百两银子。

其他或高或低的官员则分别送的是写有“耳顺”“大衍”“四十贤人传”等字样的信封，里面分别装有六十两、五十两、四十两等等。这些字样和数字总能从某些方面找到联系，例如“耳顺”就出自《论语》“六十而耳顺”，“大衍”则语出《周易》“大衍之数五十”。送礼仿佛猜谜语，也算是清代官场上的特色，若是有些官员不懂这些，甚至可能会闹出一些笑话来。

信封上写“谜语”这个模式虽然已经成了清代官场的共识，但谜语本身并不是固定的，同样的礼金数目可以用多种方式表达，如三百两可以用“毛诗一部”，也可以用“岁寒三友百日香”等。

除了早早送上去的炭敬，还有送给上级的节寿礼，比如送给京城各家亲王的过年节寿礼是白银八百两，表礼、水礼八色，门包五十两。送给京城内八旗都统二人，每人过年节寿礼白银三百两，水礼四色。京城巡抚，冬季节寿礼，白银一千三百两，还有表礼、水礼、门包杂费一百两……这些礼其实并不只是在过年的时候要送，而是一年中的各大节日都要如此来送，每年四季四次的节寿礼足以掏光他的俸禄，不过他也会收到下边官员送给他的各种节寿礼，如此循环下来，官场上的礼物最后也不过是全部强加在百姓身上。

更不要说地方官员奉旨出京送给老师、京城同僚的别敬，招待过境官员，求得同僚、主官换新的程仪，晋升赴任前送给吏部的晋升部费，水师所用战船的修理费等等，繁多的送礼名目其实也是清代官场贪污不止的一大原因。

清代官员除送给上司、同僚礼物之外，每逢年节，同样需要给皇帝送礼，称之为“上贡”，这些礼物当然不能直接送银票，但必须要贵重且风雅。

乾隆年间，曾有官员进贡上好徽墨，墨上有“万寿无疆”四个金字，深受乾隆帝的喜爱。还有人曾送给皇帝一只色彩艳丽、嗓音清脆的画眉鸟，一幅《大清万里图》等，可以说礼物送得好不好，和官位坐得稳不稳有莫大的联系。

清代除了下属要给上司送礼之外，偶尔上司也会送给下属一些礼物，这些礼物或是文玩字画、古董陶瓷，或是美食、香草，礼物的形式多种多样，价值也并无特殊规定。

只是下属在收到上司的礼物时，无论内心是否喜欢，都一定要表现出欢愉的模样，并且不得拒绝。收到的礼物也会被他好好收起来，不得轻易损毁。

当然，清代的皇帝也有送大臣礼物的习惯，这种送礼方式称之为赏赐。

每年春节前，皇帝会带大臣到京郊进行冬天狩猎活动，常常会有官员射到兔子、野鸡等，有时候皇帝也会骑马上阵，射到鹿以后，会有侍卫将鹿送到行宫，皇帝会将这些鹿肉送给随行的官员，偶尔也会在这些鹿肉上亲笔书写“福”“寿”二字，谐音“福禄寿”。

有时候皇帝的赏赐礼轻情意重，如常爱赏赐欣赏的官员花翎，也就是珍贵且稀有的鹊羽。

皇帝赏赐的花翎有三眼花翎、双眼花翎、蓝翎等。但对于这些花翎的赏赐也有品级制度区别，皇子、亲王或级品较高的官员会赏赐三眼花翎或双眼花翎。而一些宫中当差的侍卫或者六品以下的官员则赏赐蓝翎。

皇帝也常常爱赏赐黄马褂，这种黄马褂的颜色为明黄色，除了皇帝之外只有为皇帝服务的人才能穿。所以有些官员大臣收到皇帝的黄马褂后，会感激涕零。

黄马褂也会根据官员品级不同而有所差异，例如内大臣、御前大臣、御前侍卫穿的行职褂，上职的时候才能穿。皇上赏赐给打猎出色的勇士的行围褂，只有和皇上狩猎时才能穿。而皇上赏赐给大臣的武功褂子，则可以随时穿出去，彰显身份。还有给特使官员的黄马褂则需要骑马慢绕紫禁城一周，彰显荣耀。

清代的皇帝还有一些特殊形式的赏赐，例如在紫禁城内骑马，皇帝的衣服，日常吃穿住行的小礼物，在特殊场合觐见等等。

在清代的封建制度中，无论是下级送给上级的进贡，还是上级送给下级的赏赐，都不过是为了笼络人心。

通过送礼谋求更多的晋升机会，成为许多官员的必备技能，而通过赏赐让下级感受到皇恩浩荡亦是为了江山稳固。这些礼物来来回回，都是一种利益与利益的交换，成了清代官场的常态。

第4章 交朋友的几种方式

清代民间维持友情的方式有几种，其中一种是认干儿。清代门户相当的人家，为了能让两家甚至两个家族之间的友情长久保持，其中一方甚至会认对方家的孩子为干儿，而且这种认干儿的形式还可以延续至认家族中的女孩为干女儿。

被认干儿的一般是年龄不超过十岁的幼童，认干儿之前需要一方提前看好吉日，当天干儿家的父母会带着孩子一起到干爷干娘家中，并送上自己送给干爷干娘的礼物。而对方亦要回赠给他各种金银饰物、衣服、文玩、笔墨纸砚、书籍等。从此之后两家逢遇年节必然会多加来往，互相馈赠礼物等。孩子结婚时，干爷一家更是要赠送不少珍贵的礼物。

认干儿一是因为清代人受思想局限性影响，他们认为小儿多夭，只有认一门干亲才能保佑其健康成长。

另一目的则是为了维系两个家族之间感情。若是认了干儿，即便其中一方日后家族势力发展迅猛，社会地位得到了极大的提升，另一方家族也不会因此被遗忘，干儿就是两个家族之间的情感桥梁。

京城还有一种维持友情的方式，那就是结盟拜把子。结盟拜把子又称为义结金兰，这种风俗并非起源于清代，但却是清代最常见的一种维持友情的方式。

民间的拜把子习俗流传甚广，清代的拜把子习俗和前朝并没有太大的区别。拜把子的可以是两个人、三个人甚至四个人。他们会在一起选择一个良辰吉日，然后相约在一个地点，在面前挂上关公或桃园三义士的画像，并且在画像前供奉上猪肉、牛肉和羊肉，还有一些水果、干果等。

然后会有一位年长并有威望的老人在画像前献上一炷香，此后意愿结盟的人需要在红纸上详细写明自己的姓名、年龄、籍贯和族中三代姓名、官职以及家中父母兄长的具体情况。而后大家互相交换此字据，根据兄弟之间的年龄来决定结盟者的排行顺序，弟弟需要给哥哥磕头，最后大家一起喝一碗酒，结盟拜把子的仪式才算正式结束。

通常情况下，结盟后的几人将更为亲密，患难相助，凶祸相怜。

第5章

弃简趋奢，庆贺、吊唁中的攀比

清代民间每逢家有红白喜事，亲友们都要前往庆贺或吊唁，往往还需要备上各种礼物，而主人家也会准备合适的礼物回赠。

某村中正在举办一场喜宴，某乡绅的儿子今日娶亲，全村几乎一半的人都来了，再加上居住在别村的亲朋好友，这场喜宴光是招待宾客用餐的桌子，就摆满了主人家和周围四五户邻居的院子。

根据清代北方的习俗，喜宴往往从前一天就已经开始。但这天的饮食主要由大锅菜和馒头组成，宴请的也多是来帮忙的街坊四邻。

其他的亲友和邻居们都是在婚礼当天赶来的，这些前来观礼的人或多或少都会给主人家送上二百至四百文不等，有些还会带来胭脂、银钗、布匹、鸡蛋、肉等贺礼。

中午的时候，大家同坐一桌，八大盘、八大碗、八小碟，一样都不少地送到了桌子上。有小孩儿甚至为了抢夺一块儿肉，直接站在凳子上，油花汤渍沾了一嘴，但并没有人嘲讽。毕竟喜宴吃的就是一个热闹，大家吃罢喜筵之后，也不用收拾，直接抬脚就可离开。

离开之前主人家还会送上八个馒头，有些家境富足的人甚至会为每人送上十六个馒头和一碟点心，以表示对他能参加喜宴的感谢。当然，若是等对方家有红白喜事的时候，这家主人同样可以去吃一顿。

郊外一户汉族农家里，几个人正围在一处院落，商量着新屋的建设问题。等到一切都商量妥当，主人家几乎把所有的事项都交给了专门建房的瓦工、木工等，从挖地基到砌墙，一切都在井然有序地进行着。

很快新屋的框架已经造好，主人选定一个黄道吉日，决定那天为上梁日。上梁日当天，工人们齐心协力把用作屋顶支柱的几根早已打磨、晾晒好的树干横向铺在屋顶上。

上梁正不正，决定着一个屋子整体的建筑结构。周围的邻居亲友们也都会在上梁日送上自家酿制的美酒，祝贺主人新屋即将竣工，慰劳工匠们多日的辛苦。

上梁结束，邻居亲友们也会帮助工匠们在房梁上依次摆上薄木，这些薄木被称为椽，然后在椽上浇上泥浆等，让屋顶变得更加牢固。

房屋建成，主人会在房屋两侧插上红旗，在屋内设香案祭祀鲁班、土地神，将一块儿红布供奉在神像之前，祭祀完毕，主人会将红布披在工匠身上，用来表达对他们的感谢之意。当然这些流程里最少不了的还是设宴款待。

新屋建成，主人会选定日子搬家，搬家第一日会有邻居亲友们送来酒肉、对联等物品，以示祝贺。也有人会送来鞭炮，将鞭炮在主人家门前点燃，噼里啪啦热闹一番，俗称“烘房”，主人会在这天煮挂面、蒸馒头等用来待客。

清代人还流行贺木之贺，即家中孩子给老人提前准备好寿衣、棺木，请亲友齐聚家中庆贺一番。许多人会提前准备好葬礼所用之物，有些家境殷实人家还会提前请高僧帮忙选一块儿福地，以备将来棺椁埋葬。

大概也是因此，清代人做寿之风盛行，并愈演愈烈，愈办愈奢。

尤其是那些官宦富贵人家，似乎只有大摆寿宴才能证明自己身体康健，安享富贵。

清朝人认为，五十岁、五十五岁、六十六岁、七十三岁、八十四岁都是生命的关口，民间还流传着“人活五十五，阎王数一数；六十六，乱刀斩；七十三,八十四，阎王不叫自来投”这样的俗语，也正是因为这些寿数是“生死之坎”，故而在这些年龄做寿也越发隆重，有些地方甚至要大摆宴席三天。

清朝人在贺礼的选择上不仅名目繁多，而且越发贵重。和普通人家送寿桃、寿面、寿联、寿幛这些平凡的礼物相比，豪门大户的寿礼令人咂舌。

《红楼梦》中贾母八十寿辰，贾府为了庆贺母亲高寿，大摆宴席八日之久。这八天里，荣国府、宁国府门前的彩灯从未熄灭过，整个府院全部用丝绸绕着房梁门框围了起来，日夜歌舞，喜庆之乐顺着街巷传播很远。

“自七月上旬，送寿礼者便络绎不绝。礼部奉旨：钦赐金玉如意一柄，彩缎四端，金玉环四个，帑银五百两。元春又命太监送出金寿星一尊，沉香拐一只，伽南珠一串，福寿香一盒，金锭一对，银锭四对，彩缎十二匹，玉杯四只。余者自亲王驸马以及大小文武官员之家，凡所来往者，莫不有礼，不能胜记。堂屋内设下大桌案，铺了红毡，将凡所有精细之物都摆上，请贾母过目。”

《红楼梦》中描写的为贾母贺寿、送礼的片段，属于文学艺术的范畴，但实际情况也与之并无太大不同。

同治二年（1863年），上海知县府衙热闹非凡，再过五日就是知县叶廷青母亲的六十大寿，叶府内眷一个月前就从商铺里买回了寿烛，昨天新给母亲做的衣服也从成衣铺送来了，寿堂也早就准备好，院里张灯结彩，只等寿宴开始。

寿诞前两天，衙门内便已很热闹，大堂、二堂、花厅、签押房、账房等处张挂灯彩，晚上还要宴请提前来的宾客。

寿诞前一天为预祝；寿诞那一天为正寿。知县叶廷青的母亲在前一日就已经坐在中堂之上，接受亲友、晚辈的祝贺和叩拜。

寿诞整整持续了五天，正寿结束后继续进行了两天的谢客，才真正结束。寿宴也被分成了上下两等，每等共设宴九十八桌，光随宾客亲友而来的轿夫、随役等就吃了两千多碗的寿面。更不要说为了营造寿宴的热闹喜庆氛围，叶府还专门请了戏班在府内住了整整半个月，演出了《瑶池会八仙庆寿》《祝圣寿金母献桃》《众天仙庆寿长生会》等经典剧目。

清代民间还有做冥寿的习俗，就是在死者遇大寿时，也会为其做寿，族中亲友同样会送来贺礼，仿佛长辈并未去世一样。

做冥寿时，其子孙都必须穿着彩服，要设寿堂，宗族、亲友要送纸扎锭，登堂拜祝。有的地方还要演戏娱宾。

冥寿分为在家做和寺庙做两种，在家中的冥寿，其仪式如同阳寿。在寺院做的冥寿，必拜忏，做水陆道场，由四十九个和尚在灵位前诵经四十九天，最后可以把牌位放在寺院，接受善男信女的香火。

清代人的民间吊唁也随着时间的推移，呈现逐渐弃简从奢的趋势。

到了清末，丧事变得更为奢华。清代人一改之前用彩纸竹架做成各类山川水景，佳肴美食的习俗，统统用彩泥烧成各种人偶、大船、金银首饰、元宝等模样，送到坟前。甚至发展到直接用食物来装点，用白面做成人偶，配上精湛的刀工，十分逼真。

一场白事，仅这一桌的装饰就能消耗白银百两。而这些装饰品仅在白事上做装饰，用完就被丢了，并不会被拿来食用。可见清代庆贺吊唁的奢侈之风，已经成了当时的一种风尚。也许正是这样的奢靡，为清代日后的没落埋下了祸根。

第五辑

桃夭宜家，辛酸谁知

第1章 门第婚姻只是一场权势名利的交易

清代重视宗法和家族势力，上位者为了巩固封建礼制，强化封建礼教，坚决维护父母决定子女婚姻的权利。

法律规定：“婚嫁者由祖父母、父母主婚，祖父母、父母俱无，从余亲主婚。”倘若自作主张婚嫁，则要被杖打八十，整个家族都会被世人耻笑。而家长在为子女决定配偶时，并不关心婚姻当事人的情感喜好，只遵循两个原则：贫富与门第。

清代婚姻当事人的男女双方，均无权利决定自己的婚姻，无论是否满意，均不能违抗家长及宗长的安排。

官宦富贵人家的婚姻，背后大多隐藏着一些政治目的，在择偶上，多看门第。

乾隆十三年（1748年），太后颁懿旨，邀请京城四品官及以上的官员，凡家中有女及笄者，乞巧节至宫中赏月。乞巧节当日，这些深闺中的女子全都盛装出席。

这场宴会的主要目的便是给贝勒贝子们指婚，宴会上，太后对这些女子的样貌品性逐一查探，遇到比较合眼缘的甚至还会多问上几句。若是有女子在宴会上被相中，太后甚至会当场指婚。

这场婚姻对男女双方而言，并不存在情爱，只是一场政治上的交易，皇家用一场婚姻拉拢满族、蒙古族、汉族官员及亲贵。这种王公贵戚通过指婚而相互联姻的现象，在清代非常普遍，人们利用“亲上加亲”的方式巩固门第之尊。

除了两个家族之间的门第观念，清代人还注重嫡庶之别，嫡子极少会娶庶女为妻。若是妾生下子嗣，子嗣将由嫡母抚养成人，即使生母见到其子，也需要弯腰行礼，自称奴婢，由此可见清代人的门第观念根深蒂固。

清代为了保证门第观念，固化封建礼教尊卑之别，法律上有关于婚姻的明文禁令，禁令有四。

其一：禁止官员娶部民女子为妻妾，“凡府、州、县亲民官，任内娶部民妇女为妻妾者，杖八十。”

其二：“禁娶乐人为人妻妾。”清代初期认为乐人为贱籍，娶乐人为妻妾是在践踏平民，乃至士族的尊严，所以凡是文武官吏皆不能娶乐人为妻妾，违者杖六十，并且强行离异。若是有官员子孙袭爵位者违背，娶乐人为妻妾，将受同样的责罚。

其三：“禁良贱婚姻。”所谓贱者是指奴籍，凡是家中长辈给晚辈娶奴籍女子为妻的，杖八十，若是女家为主婚人，则刑罚减轻一等。

其四：“禁与番人结亲。”这条禁令主要针对清代福建、台湾等地部分少数民族，因其地理位置与“番人”交界，清代民间有私自与“番人”通婚者，若是一旦被发现，将被强行离异，民人杖一百，若是官吏违抗，则杖九十。

这一切表明，权力与政治在清代的婚姻习俗上留下了深深的烙印，婚姻不过是清代官员显贵实现其政治目的的一种工具而已。

清代经济的发展深深影响着当时的婚姻习俗，有些官员为了通过联姻达到发达的目的，在后期曾出现许多官员和商贾联姻。

清代乾隆年间，商贾还为世人所轻，当时大学士赵国麟与商人刘潘长联姻，遭到了乾隆帝的训斥，称刘潘长为市井庸人。

然而岁月无情，世风日变，到了光绪年间，官商联姻屡见不鲜，官员贪图商人的金银财富，商人看重官员的社会地位，双方各获其利。

清代，女子及笄后，家中长辈在为其择偶的时候，男方所出的聘礼数量是一个极其重要的参照因素。民间有俗语“一家好女百家求”，若女方同时遇到两家求婚，则家中长辈会选择门第相当、资产较丰的一家。

清代军人的婚姻亦有其特殊性，军事亦对清代人婚姻观念形成了一定的影响，在军民通婚中，双方重军阶，重身份，重赡养。

清代无论是在官场，还是社会与民间，人们大多存在重满轻汉、满汉有别的现象，因此汉族女子为了提高家族的社会地位，常常会选择与八旗的军官、旗人男子结婚。

同样在百姓心中，既然是军民通婚，则一定要获得实际的利益，因此他们之间的婚姻多注重男方的军阶高低。

曾有男子因家境贫寒难以娶妻，但在其参军之后，因屡次获得军功，皇帝多次下旨赏赐。风头一时无两。

在清代，女子的社会地位低，没有更多的生存技能，需要依赖其父兄、丈夫、子孙等，因而，女子在嫁人前更看重所嫁男子是否有赚钱养家的能力。

清代的士兵，每个月都会由政府发放月饷，这些月饷是维持一家的生活的指望。

一些家境贫寒的女子，大多喜好军民通婚，她们正是看中了军兵每个月的饷银，认为这些钱足能保证自己嫁过去后，不会衣食无着。

这件事的本质也很容易理解，当兵入伍是为了娶妻生子，而女子嫁给军兵是为了能保障每个月衣食无忧，婚姻的双方已然是互利关系。

无论是政治上看门第择偶，还是经济上看重财富的婚姻，或者军民通婚上重视满汉、官阶的思想，都使得原本女子一生中最重要的喜事，最后沦为一个家庭，甚至一个家族宗室权势名利之间的交易。

门第观念最终酿成了无数的悲剧，这种看门第富贵的婚姻观念作为清代人的婚配标准，它的形成原因不只是在于清，而是我国历史上传统婚姻观念传承的结果。

第 2 章

婚礼六礼，清代的结婚仪式

清代一个最具特色的仪式感体现在婚姻上。

清代女人遵循“三从”的女德：在家从父，出门从夫，夫死从子。

在这种独特的观念之下，女人的婚姻不仅仅关系着宗族人丁繁衍，也关系着一家乃至一族的兴衰存亡。

清代的婚姻程序在对明代传统的继承上，又加入了一些特色。

清代的婚姻程序主要包括行聘订婚、结婚礼俗两个方面。前者是男女家庭双方为确定此次婚姻关系的行为，而后者则是一场婚礼的活动流程。

行聘订婚是清代男女缔结婚姻的方式，男方以娶之程序而娶，女方以聘之程序而嫁。

在清代，只有按照“聘娶婚”程序进行的婚姻，才是受清代法律保护的合法婚姻。

清代的行聘订婚仪程上又遵循“六礼”，即纳采、问名、纳吉、纳征、请期、亲迎。

男方请媒人向女家提亲，媒人凭借三寸不烂之舌将男方家境、外貌、才学等等条件和女方家情况介绍清楚。

有时候为了一场婚姻，媒人会到女方家来往多次，直到女家同意议婚。

媒人将女方此意传递给男方后，男方会携带礼物，再次到女家求婚，这个过程即是纳采。

纳采之后，就是问名。男方托媒人问女方的姓名和生辰八字，而后带着两位新人的属相、生辰八字、姓名等进行合婚占卜。

清代人极其重视合婚占卜这一流程，若占卜出此段婚姻凶多吉少，二人生肖相克等，则此段婚姻作罢。但若是二人八字相合，则二人可以成婚。

清代的大户人家，问名礼不仅仅在于生肖八字的相合，还涉及男女双方门第、财富、家庭权势、才貌、健康等方方面面。

男方卜得吉兆之后，会备下礼品再次到女家决定婚约，这是订婚阶段的主要仪式，又名纳吉，这一次的礼品大多为首饰、彩绸、礼饼、礼烛等。

纳吉之后，这段婚姻即可认为已经定下，随后就是行各种聘礼。男方准备好礼单，礼单上的每一样礼品名字都要取吉祥语，并且礼单上的礼品数目都取双数。

待聘礼准备好，礼单书写完成，把所有的聘礼装箱，或包或扎，或挑或抬，伴着欢庆的鼓乐，在媒人和押礼人的护送之下送至女家。

在聘礼上，男方将礼物放到栏杆桌上，由前后两人抬起步行至女家。在这些聘礼之后，男方还将准备好猪、羊、鹅、鸡、蛋、酒、禽畜、蔬果等物随在队伍之后。

聘礼中的禽类，其羽毛皆被染成红色，而酒则放在坛子中，酒坛外部装饰以彩画。

更有大户人家，会将为新妇做的衣服、首饰、钗佩、合欢被褥等物甚至还有半斤重且印有红双喜字的馒头一起随在猪、羊、鹅、鸡、蛋、酒、禽畜、蔬果等聘礼之后。

女家在接到聘礼之后，会将聘礼中食品的一部分退回给男方，还有一些闺中女子会提前给男方准备衣帽鞋袜等物，在回送聘礼时，会把这些礼品一块儿送回到男家。

男女双方互赠的礼品都必须是双数，其中含有成双成对的意思。

之后男方会占卜吉日，准备礼品后再次到女方家征求意见，此为请期。

婚礼日期敲定后，男女双方家庭就开始为婚礼做准备。

迎娶之日，男方会租大红轿面的官轿一台，这一天的轿子将有八个人来抬，前后各四人，称为八抬大轿。轿窗玻璃上用水银画六龙，用红缎平金绣花做裹帷。

迎娶的队伍中有官吹、锣鼓、细乐等。迎娶之前，官吹、锣鼓、细乐等会先在院中吹奏一番，而后由全福太太铺新床。在此过程中，会有男童拿一面大锣，在喜房内敲打三声。三声过后，喜轿就可以出发了。

女家这边也在紧锣密鼓地准备着。新妇上轿之前，需要将头发全部挽起来，寓意着告别之前的闺中生活，开始妇人的新生活。之后在头顶上戴上象征荣华富贵的绒花，有些绒花上绣有麒麟送子等吉祥画。

新妇上轿穿的袄裤并不是新制的，而是旧衣。这些衣服或者是男方家的，或者是女方家的，不仅肥大，而且不知道被多少人穿过。但正是这样的旧衣服，清代人认为越多人穿过，越旧，则越是吉祥。上轿穿的新鞋是蓝布面，在鞋面两头绣着双喜字。花轿抬到男方家中，才能换上女方家的新喜鞋。

男方花轿准备出发时，女方这边会由全福太太给新妇上头，并将大红绸缎的盖头盖在新妇头上，而后新妇人向着喜神的方向端坐，静候花轿到来。

迎亲队伍在女家门口鸣炮报信，女家中的亲朋好友早已经迎了出来，招呼新郎下马吃点面食，引其至女方祖先堂祭祖，最后叩拜女方父母、亲友、邻里。

新娘此时在全福太太的帮助下，做着上轿前的准备，梳头、开面、清眉、搽胭脂、抹粉，戴凤冠，着霞帔和八幅绣花罗裙，脚穿红缎绣花鞋，系上裙铃、裤铃，盖上盖头，稍息后，由乐队迎往花轿前，供拜轿神。拜后，新郎新娘吃合婚饼。之后，新娘由两名伴娘搀扶上轿。新郎要到花轿前拜轿，拜罢，鸣炮三响，鸣锣开道，花轿起轿。

花轿至男家大门口，轿身要朝向喜神方向落地。

新娘下轿，要踩事先铺好的红毡，手抱象征镇邪气、带来福气的瓷瓶、铜镜，由伴娘搀扶，在新郎“同心结”牵引下，缓缓而行。到了大门口，要从火盆、马鞍上跳过去，以示避邪恶，保证婚后生活平安、红火。

新娘行走时，男方家有二人手端五谷杂粮，向新娘身上撒掷，名曰“撒五谷”。进院后，新娘要面朝喜神而坐。

新郎用秤杆揭取新娘盖头，俗称“称心如意”。至此，新郎新娘见面，对天地牌位三叩首，到祖先堂行四拜礼，再回至院内，叩拜父母，行夫妇对拜礼。

新人进入洞房，先要坐在龙凤喜床上，吃子孙饽饽。子孙饽饽就是饺子，由新娘娘家准备，必须煮得半生不熟。吃的时候要有人问“生不生”，里面要回答“生”，它代表的含义就是男方家族更盼望子孙后代权力的延伸。

吃完饺子，要举行合卺礼。合卺礼是中国古代婚礼中最重要的内容之一。卺就是瓢，把一个匏瓜分成两半，做成两个瓢，新郎新娘各执一个，喝下瓢中的美酒，就是合卺，象征着婚姻美满，白头偕老。后来，人们又设计出连体式酒杯。

合卺宴的结束，标志着大婚典礼中最重要的成婚礼接近尾声。新婚后第二日，新婚夫妇要先行家礼，在祖先堂叩拜祖先，然后叩拜父母、亲戚。行罢家礼，新娘乘花轿回娘家，并要在天黑前赶回。

至此，婚姻礼俗的全过程才基本完成。尽管各地略微有些区别，但大同小异，程序基本一致。

第3章

媒妁之言下，被现实锁住的浪漫

《红楼梦》中贾宝玉最后娶的并不是林妹妹，纵然贾二爷再受宠爱，再叛逆，但面对婚姻，也不能自己做主。

宝黛之间的悲剧，除了二人之间的性格之外，更有一种必然性是源自他们所处的信奉“三纲五常”的封建社会。

“父母之命，媒妁之言”，简单八个字就能包括了清代的婚姻现状。为了维护上位者的统治，清代极其维护家族势力，包括父母及长辈对于儿女的绝对权力。

据说清代有许、柳两家，许府的少爷这年刚刚行了成人礼，许府经商，因所卖皆是新奇珍贵之物，短短两代就积累了不世的财富，及至这代，许府少爷虽还未有功名在身，但自幼熟读诗书，在当地早已才名远扬。

许府少爷行成人礼这日，当地的名门望族皆有人前来相贺，并送来不菲的财物。成人礼刚过，就有媒人上前，还有几户有女待字闺中的人家，请了媒人前来说项。

柳府家中女儿也是刚刚及笄，柳府早年曾有先祖任太子太傅，后告老还乡，柳家几代皆是诗书传家。柳府中唯有一女，府内偶有仆役曾说柳府女儿自幼聪慧，刺绣、裁衣几项女红做得颇有灵性，琴棋书画也样样皆通，更传闻柳府之女身材婀娜，面容娇美。

一番讨论之后，许府就已悄悄确定好了人选，于是趁着本城之内有人举办花会时，远观柳府之女，更觉所言非虚。

请了当地最有名声的媒人前去柳府提亲，如此两次后，柳府的柳老爷应下了这门婚事，于是互相交换生辰八字，准备彩礼、嫁妆等，两府严格按照“六礼”程序，一切都有条不紊地进行中。

而作为这场婚事的两位当事人，自始至终不曾见过，也不曾了解对方的性情、喜好，一切皆由家中长辈安排。直到婚礼当日，洞房之时才是彼此之间的第一次见面。

而许府及柳府家中的长辈，在挑选这门婚事时，自然也并没有考虑双方是否能产生浓烈的爱情，无论是许府还是柳府，皆是从门第之事上考虑，一方在朝中自有人脉，一方拥有不菲的家底，两府联姻，自然好处颇多。

而在现代人看来，在婚姻中占最重要地位的爱情，在当时并不曾被任何人考虑。无论是许府少爷还是柳家小姐，对花前月下浪漫爱情的渴望，在父母之命、媒妁之言下，徒留一声叹息。

清代还有一种婚姻，在婚姻双方尚未出生之时，便被定了下来，也就是人们常说的指腹为婚。指腹为婚的两家之间大多是世交，且彼此均有对方看重的优势。于是在腹中之子尚没有出生时，就立下了婚约。约定当孩子成年后，就举行婚礼。

但世事莫测，若是这段“指腹为婚”中的一方，在若干年后，因某种际遇发生变化，两家再不是同一地位，那么这段婚姻很可能被废止。

在清代，民间各地，皆有这类指腹为婚的事情。对于整个家族而言，一门婚事可能攸关一个家族的兴盛与衰亡。

许多清朝人的婚姻没有爱情可言，这是由父母包办的婚姻制度决定的，像《浮生六记》中沈复与陈芸的爱情只是特例。

不仅平民，即使皇家和贵族子女的婚姻，也向来由皇帝或家长包办，而且基本出于政治的考量，毫无自由可言。

在呼和浩特有一座公主府，公主府的主人就是三百年前清康熙年间的和硕恪靖公主，作为最受康熙帝宠爱的六女儿，为了整个民族的和谐，她只能选择和亲，嫁到喀尔喀蒙古土谢图汗部。

皇宫之家能为他们提供丰富的物质基础，但二人在享受这些的同时，也必然要承担其背后的责任。

清代的包办婚姻制度，另有一残酷之处在于，双方获得信息不对称，媒人成了一段婚姻是否幸福的关键。

中国自古以来就重视婚礼。“婚礼者，将合两姓之好，上以事宗庙，下以继后世也，故君子重之。”古代人认为，婚礼，是将两姓结合在一起，对上可以更好地报效国家，对下可以延续子嗣，传宗接代。而在婚礼中，首重“父母之命，媒妁之言”。

在《礼记》中就有很多地方提到了媒人的重要性。“男女无媒不交”，没有媒人，男女之间是不能交往的。《诗经》里也说“匪我愆期，子无良媒”，都说明了媒人在古代婚嫁礼俗中的重要。

清代的媒人有官媒和私媒之分，官媒的身份要高于私媒，但两者在民间均十分受人尊敬。

一张媒人嘴，可以说合神仙美眷，也能说成一世怨侣，古代婚姻中“六礼”处处少不了媒人。

男女双方到了一定的年龄，男方家长就会到媒人处了解是否有合适的对象，媒人也会为主家寻找门当户对的对象，然后前去沟通，双方家庭略作了解之后，若女方家同意，则开始进入正式的“六礼”程序。

纳采、问名、纳吉、纳征、请期、亲迎，每一项都少不了媒人的参与，所以有人戏言，若想婚姻美满，则一定要给媒人各种礼遇，否则可能因此受到蒙骗。

清代大多数媒人都严格遵守道德底线，官媒说成的每一件婚姻，在官府花名册上都会有记录。私媒虽然并不在官府挂名，但若是故意说合不合适的婚姻，最终也会砸了自己的饭碗。

当然，也有一些媒人会被金钱诱惑，造成婚姻上的悲剧。

清代山东的地方志上曾记载了一桩案件，婚姻双方将媒人告上了公堂，原因就是媒人在沟通时，隐瞒了事情的真相，造成了一桩荒唐的婚姻。

李府家的少爷已经年方十八，未曾成婚，家中为此找了多个媒人，却始终没有一家姑娘愿意嫁到李府。李府少爷幼年时曾被骡子踢伤了腿，不良于行，且因家中只此一子，故而多溺爱，长此以往，李少爷养成了嫖妓、赌博的恶习。

同村大多都知道他的恶习，并不愿意将家中女儿嫁到李府，所以李少爷到十八岁都难以成婚。眼见孩子一天天长大，李府长辈开始着急，于是请了媒人到临县求亲。

临县恰有一女，刚刚行了成人礼，传闻相貌出众，性情温婉，且家中兄长有秀才之名。李府因此求娶。

媒人多次到达临县，自然见到了传闻中的姑娘，却发觉其貌若无盐女，性格颇有河东狮吼的气势，但因想到这桩婚事若成，自己将获得丰厚报酬，便将双方的真实情况隐瞒了下来。

清代婚姻，男女双方之间的沟通多依赖媒人，故而若是媒人有所隐瞒，双方很难察觉。

于是，在婚礼结束后，这些被媒人隐瞒的真相才如被纸团包住的火苗，一下子烧了起来，但因为这场婚礼双方已经行了正式的“六礼”程序，法律上认定此婚姻有效，于是一场荒唐的婚姻，就此保留了下来。

清代的婚姻中，因“父母之命，媒妁之言”造成的不幸并不少见。对于男人而言，婚姻不幸还能休妻或者另娶妾室，而对于女人而言，一场婚姻就是一辈子的事情。

所以，无论宝黛二人对社会有再多的不满，再怎样清高，也终究是要食人间烟火的。宝黛的爱情在清代，注定要成为一场悲剧。

第4章

婚姻中夫妻地位终难平等

清代从来没有男女平等这样的规定，哪怕是婚姻中的夫妻，无论是其家庭地位，还是社会地位，都是天差地别。无数生动事例表明，无论是童养媳，还是明媒正娶的妻子，在家庭中的地位都十分低下。

清代夫妻在婚姻中地位不平等，最明显地体现在清代婚姻实行一夫多妻制度。

杨成国是一名普通商人，康熙二年（1663 年），杨成国娶了本村的一位姑娘为妻，婚后两年无子，杨成国又纳邻村李氏为妾，随后李氏为其生下两女一男，此后杨成国将李氏身边的丫鬟收作通房。

在清代，类似杨成国这样的家庭结构实在算不上稀奇，男人多妻妾是为了家族繁盛，而许多女人被困在深宅之中，沦为生子工具。

女子“七出”中第一条就是“若无子，则休”。在这样的环境中，渴望夫妻地位的平等，实在是一句空话。

清代夫妻之间有男主外，女主内的习俗，尤其是正妻，需要打理后院，掌管府内的丫鬟小厮的工作安排，同时也需要安抚丈夫娶回家的小妾们，还要负责孩子的教育。

清代男孩在四岁之前会一直养在后宅，由正妻抚养。四岁之后，家中会为男童请老师为其启蒙。

女孩自出生后，由正妻和身边的嬷嬷们抚养。

清代女子要遵从妇德、妇容，故而有些富贵人家的女子在出嫁前就已经开始负责后院中的事项，为婚后生活做准备。

但不管怎样，无论是达官显贵还是平民百姓，妻子在家庭内部都是受排斥的，且并没有参与家庭政治活动的权利，妻子就像是丈夫的一个附属品，本质上是封建家庭中的奴仆，以及丈夫的生育工具。更有甚者，有些妇人在婚后还被剥夺了最基本的人身权利，可以被丈夫典当、卖出。

正妻的地位如此，更不要说所谓的妾和通房，她们在家族中的地位只是比丫鬟略高一等，更不要想成为家中主人。

清代正妻有发卖妾的权利，所以，在当时的社会中，很少会有妾室和正妻作对。

《大清律例》上有妻妾相争的法律规定："妻殴伤妾，与夫殴伤妻罪同。亦须妾自告乃坐。过失杀者，各勿论。盖谓其一则份尊可原，一则情亲当矜也。须得过失实情，不实仍各坐本律。夫过失杀其妻妾，乃正妻过失杀其妾者，各勿论。若妻妾过失杀其夫，妾过失杀正妻，当用此律。过失杀句，不可通承上二条言。"这项律法，体现了妻与妾因身份的不同而在法律面前也不平等。

清代同样存在家庭暴力事件，而法律上针对男女的刑罚有很大的差别。

乾隆年间，曾发生过一起有关家庭暴力的案件。吴桥县的叶府家中有一子，家产颇丰，几年前叶府长子一朝科举，取得秀才功名。两年前，叶秀才三书六礼娶临县王氏嫡女为妻。

几日前王氏家中兄长一纸诉状将叶秀才告到县衙，状纸上称，叶秀才有家暴的行为，殴打其妹王氏，但叶秀才到堂后并不承认自己殴打妻子，府衙内的嬷嬷在查看了王氏身上的伤口后，发现王氏身上确有大小几十处伤痕，后肩上甚至有一处棍伤，红肿处有小儿胳膊粗。但王氏身上并无发现骨折之处，最终这场官司不了了之。

但半年后，王氏再次将其丈夫告上法堂，状告原因是其丈夫殴打自己导致双腿致残。嬷嬷查看王氏身上伤口，发现王氏双腿俱被打折，身上数十道鞭伤，红肿不堪，有些伤口因见血露骨，至今不能愈合。于是判刑叶秀才杖八十，而王氏状告其丈夫，一并受罚，最终王氏因不堪杖一百刑罚，回家不久就命丧黄泉。叶府用王氏犯“七出”的理由，拒绝王氏入祖坟，最后王氏的尸体只能用草席裹了，随意丢在了城外的乱葬场。

而同样的一出家庭暴力事件，若是男女双方身份颠倒，则会是另一番的境遇。

清代民间曾流传着一宗案件，汉族女子周氏因嫉恨丈夫宠爱小妾，趁丈夫深夜熟睡时，将其打晕逃跑，被捉拿归案后，因丈夫额头伤口留疤致残，被判绞刑。

因清代整个社会重男轻女的思想成风，清代法律面对同样的犯罪行为，对男女的量刑轻重也极为不同。

在《大清律例》里，有关于对家庭暴力事件详细周密的判决标准：“凡妻殴夫者，但殴即坐。杖一百，夫愿离者，听；须夫自告乃坐。至折伤以上，各验其伤之轻重，加凡斗伤三等；至笃疾者，绞决；死者，斩决；故杀者，凌迟处死。……其夫殴妻，非折伤勿论；至折伤以上，减凡人二等。须妻自告乃坐。先行审问夫妇，如愿离异者，断罪离异；不愿离异者，验所伤应坐之罪收赎，仍听完聚；至死者，绞监候；故杀亦绞。”

这则律例包括三方面内容。无论何种原因，只要妻妾殴打丈夫，就要受到法律惩罚，而且丈夫还可以因此休妻。丈夫殴打妻子，除非造成伤残以上，否则法律不予惩处。妻子殴打丈夫致重伤以上时，就被处以死刑，而丈夫只是将妻子殴打致死时，才被处以死刑。由此可以看出，夫妻之间的地位绝不平等。

《大清律例》规定若妾伤害丈夫的刑罚方法：“若妾殴夫及正妻者，又各加妻殴夫罪一等；加者，加入于死，但绞不斩，于家长则决，于妻则监候。若笃疾者、死者、故杀者，仍与妻殴夫罪同。……殴伤妾至折伤以上，减殴伤妻二等；至死者，杖一百，徒三年。”

这则条例包括两方面内容。妾殴打家长，按照法律应当处死，不过法律将妾是否判处死刑的权利交由家长决定。家长殴打妾致死者，仅仅受到用荆条抽打背、臀、腿一百下或服三年劳役的惩罚。由此体现了妾与家长之间的地位更加不平等。

同样在法律上，将妻子规定为限制行为自由的人，妻子的日常行为受到丈夫的约束，清代法律中曾指出，若不属于日常生活必须要做的事项，则需要征得丈夫的许可才能进行；妻子只有在丈夫同意之后，才能参加某项社会活动。在丈夫未成年前，妻子的行为由家中长辈监管，一律需要族中长辈同意才能进行。

所以若是丈夫因病或其他原因，不能经营家中事项，妻子可以代替丈夫来经营，但这一切都须获得族中长辈的许可。

在清代，妇女没有财产继承权。

关于继承问题，《大清律例》规定："户绝，财产果无同宗应继之人，所有亲女承受。无女者，听地方官详明上司，酌拨充公。"

也就是说，家中的女儿和妻子一般情况下，没有继承权，但若丈夫在生前立有遗嘱，则按照遗嘱行事。若是没有遗嘱，丈夫生前没有儿子，同族之内也没有侄子等，则由女儿继承。若也没有女儿，则由地方官员见证，直接拨给族内充公。

而妻子在任何情况下，均没有继承权。丈夫身死后，整个家庭的财产归了族内，她需要依靠族内每月给的财物生活，日子很是凄惨。

由此可知，无论是整个社会环境，还是律法，都不能保障婚姻生活中夫妻双方能有一个平等的社会地位。

举案齐眉、相敬如宾这样的婚后生活，虽然并不一定有爱情，但若能获得丈夫对自己的尊重，也是清代女子莫大的幸福追求了。

第5章

离婚，曾经花前月下的叹息

戏曲《马前泼水》中，崔氏因不满丈夫朱买臣家境贫困，又赚不来钱，要逼着他写休书。朱买臣满心愤恨，抬笔就要写：“我妻子崔氏犯‘七出’……”刚写出来几个字，坐在一边的崔氏就跳了起来，伸手夺了桌上的纸揉成一团，指着朱买臣的鼻子大骂：“你这么写，就像是故意给我泼上一桶馊水，我还怎么嫁人？你要写‘我朱买臣无能，养不起老婆了……’”

为什么一个“七出”让泼辣的崔氏如此害怕？

古书记载“七出”是指：“无子，一也。淫佚，二也。不事舅姑，三也。口舌，四也。盗窃，五也。妒忌，六也。恶疾，七也。”

清代，男女双方在缔结婚姻时，不能遵循自己的情感需求，只能听从父母和家族长辈的安排，在经历完整的“六礼”之后，男女双方的婚姻就被整个社会承认，被清代的律法保护。

但是这样的婚姻并不一定牢固，成婚之前，男女双方甚至没有见过一次面，彼此性情、爱好可能并不相同，时间久了，磨合之中就会产生磕磕绊绊。即使有些男女在婚姻之初产生了懵懂的情愫，但柴米油盐酱醋茶的世俗生活，总有可能将那点儿美好消磨干净。

时间久了，男人想结束这段婚姻，就得休妻。

在清代，女人是不能主动提出离婚的，因此一段婚姻是否结束，主动权掌握在男人的手中。

男人若是想甩掉老婆，只要提出“七出”中的任何一条，都算得上是名正言顺，不仅不会担上薄情的骂名，甚至还会收获他人的同情和理解。

“七出”其一：无子。清朝人注重子嗣繁衍的问题，子嗣兴盛与否，攸关整个家族是否兴盛。所以，若是生不出儿子，纵使女人在其他方面做得再优秀，都有被休的危险。一般情况下，女人嫁进府内，三年之内若是无所出，就可以被休弃了。有些男性在朝夕相伴中，和妻子产生了感情，于是不愿写下休书。但为了家族子嗣繁衍，他会娶一些妾，若妾生下儿子，则会被抱到正妻身边来养。但“无子”这个理由，就像是妇人身边的一颗定时炸弹，稍有不慎就可能被丈夫点燃。

“七出”其二：淫佚。若丈夫发现妻子和其他男子有染，则可以休妻，并且因这种原因被休的妇人还要被杖打一百下。

曾有妇人，丈夫是街头卖肉的，新婚之初，二人伉俪情深，使朋友艳羡不已。

但几年后，因家中有人生恶疾，几年内存的银子都被拿去买了药材，生活逐渐拮据起来，丈夫的脾气也日益暴躁，收摊回家后常常恶言恶语，时间久了，曾经的温暖也逐渐被冷却。如此几年后，妇人和邻居有了苟且之事，一日其丈夫收摊较早，到家后，发现了妻子的秘密，一怒之下写了休书，并将其妻子及奸夫告上公堂。

在清代，妇人若被告上法堂，是对其极大的侮辱。于是妇人又急又羞之下，投河自尽，一段曾经令人艳羡的婚姻，终究只剩下一声叹息。

“七出”其三：不事舅姑。其意是指不孝顺公婆。清代女子一朝嫁做人妇之后，就需要承担起整个家庭内院的重担，且因平民家庭中很少有丫鬟，于是，妇人不仅要负责一家人的饮食起居，还需要照顾公婆。

清代妇人所谓照顾，不仅要为其公婆提供可口的饭菜，干净而暖和的衣服，还需要时时刻刻守在公婆身边，若公婆有要求，则需要在第一时间内去做到；若公婆无聊，需要陪着他们闲聊解闷；甚至公婆说出任何事情都不能予以反驳，只能接受，否则即被视为不孝。

但有些婆婆不仅会约束儿媳的日常行为，甚至还要插手儿子与儿媳的私事。当时，有许多婆婆为刁难儿媳会故意装病，要求儿媳日夜守在自己床边，甚至将自己身边的丫鬟送给儿子做妾，导致了许多妇人敢怒不敢言，一旦发怒则犯了“七出”。

“七出”其四：口舌。有些妇人总是会对别人家的事情指指点点，捕风捉影，搬弄是非。在清代，八卦的女人是很不招人喜欢的。

“七出”其五：盗窃。此盗窃非指妇人偷盗财物，而是指藏私房钱。

后院中的女人总是极度缺乏安全感，其身虽然端坐正堂，但丈夫稍有不满就可能变为下堂妇。再加上女人爱珠宝首饰的本性，和对男人薄情的失望，自然会偷偷藏一些私房钱，以供日后的生活所用。

清代，家中账目收入开支一应都由女子负责，于是藏私房钱这件事做起来并不算难。有些妇人小金库里的财物，甚至比整个府院所藏的数目少不了太多。

“七出”其六：嫉妒。嫉妒并非指其嫉妒邻居亲友，而是指嫡庶不睦，正妻嫉妒妾等。

清代曾有正妻体罚妾侍的案例，妻子因年老色衰，丈夫逐渐不喜欢她，几年后甚至接连往家中娶回几位妾。随后男子日日歇在妾那，遭到妻子的嫉妒。于是一日丈夫外出工作时，妻子故意让妾在院内跪了几个小时，丈夫得知此事后大怒，于是用了嫉妒的借口，将妇人从正妻变成下堂妻。

“七出”其七：恶疾。若妻子身染重病，或因为各种原因出现聋哑跛足等疾病，丈夫会用“妻子不能一起参加祭祀，有碍家族脸面”等理由休妻。

当然，清代男子休妻这件事也并不是毫无阻碍的。清代女子在家时一切吃穿用度皆来自父母，而出嫁后，丈夫成了唯一的依靠，并且在清代有些地方，妇女若是被休，无论原因是什么，都要遭到知情人的嘲笑，更有甚者，整个家族都会因此蒙羞。

所以，为了保障女人的权利，清代同样有“三不去”，即“尝更三年丧不去，贱娶贵不去，有所受无所归不去”。意思是，若妻子为丈夫家中父母长辈守孝三年，则丈夫不能休妻。原本很穷，在娶了妇人之后，因为种种原因变得富有，则丈夫不能休妻。丈夫娶妻子时，女方家中父母尚在，但后来父母均已过世，娘家并没有其他人可以依赖，这样的情况下，丈夫同样不能休妻。

曾有书生因贪恋女子家中财富，花言巧语将其娶进家门，几年后书生家借助女子娘家人的人脉，做了一些生意，生活逐渐变得富贵起来。但女子家中，因一时经营不善，负债累累，女子父母更是因此一病不起，最终撒手人寰。而书生后来参加科举考试，一朝考中后，身边莺莺燕燕环绕，且有县令家中嫡女愿嫁给书生为妻。

而女子因为生活艰辛，原本娇媚的容颜也逐渐变成书生口中的“黄脸婆”，于是书生动了休妻再娶的念头。女子击鼓鸣冤，因其与书生一起度过贫寒岁月，且现在家中并无任何可以依靠的亲人，州府判其不得休妻，而县令的嫡女最终以平妻的身份嫁了进来。

但这件事并未结束，女子因状告丈夫，犯了《大清律例》，被杖打一百大板，回家不久就命丧黄泉。

在清代，婚姻的缔结需要三书六礼到官府登记，婚姻的解除自然也需要得到官府的认定，否则可能构成“弃妻不书”的罪名。

由此可见，清代女子对于婚姻的无能为力，无论缔结婚姻还是离婚，她都完全没有发言权，只能被动地接受。但“三不去”从某些方面来讲，也是对男性的约束，是对丈夫可以随意休妻的条件限制。

第六辑

少儿初长，寸草春晖

第1章

求子是后宅中唯一的期盼

清代后宅大院里的女性对子嗣有一种偏执的期盼，这大概缘于当时的社会环境。

清代作为封建社会，一些富户或官宦人家的男性，除了正妻之外还会有一些妾。后宅中的女性为了稳定自己在家族中的地位，越发渴望早日生下儿子。另一方面，清代男子负责在外社交、赚钱，独留女性，生一个孩子也是对她孤独生活的慰藉。

当然在清代的大环境下，尤其一些富户家族更是注重子嗣，在他们的观念中，“不孝有三，无后为大”。有时候结婚的唯一目的就是为了生子，似乎只有多子才能多福，于是种种因素叠加，即使经历过了千年的朝代更迭，求子依然是女性婚后的期盼。

于女性而言，求子就是求了一份富贵，一份家族地位，一份未来安稳的保证。

清代后宅之中求子有三种方式，一是拜求生育之神，如送子观音、妈祖、子孙娘娘。二是吃某种寓意生子的食物。三是偷瓜、偷灯或者拴娃娃。

清代人寺庙求子并没有什么指定的季节和时间，仿佛去寺庙拜神求子是一年之中任何时间都合适的事情。无论刚结婚的新娘，还是结婚多年无子的妇人，都会找个时间去寺庙拜拜，烧一炷香，给寺庙添点香油钱，似乎这一切做到了，上天诸神就能怜惜她，赐她一麟儿。

求子拜神，可以拜的神仙非常多，最常见的是送子观音、女娲娘娘，当然还有一些人会去拜一拜玄女娘娘、七星娘娘、送子弥勒、九子母等。清代各地的信仰不同，因此拜神不同，如京城人信奉观世音菩萨，华北各省信奉碧霞元君，华南各省信奉金华娘娘等。

京城外的云居寺是传闻中求子最灵的寺庙，在云居寺的大悲殿中，供着一尊千手千眼观音菩萨，菩萨两边是许许多多的童子。求子者大多会虔诚跪在观音娘娘之前，口中念念有词，许下求子之愿。

拜神求子是清代人最常见的一种求子行为，甚至有些富贵人家因不得子，还会请一些有名气的僧人到家中祈福作法，或者求一些据闻有送子能力的符纸贴在床头。

清代中原地区女儿出嫁的嫁妆里，会有一个朱漆子孙桶，桶里装有五个蒸熟染红的喜蛋和许多外壳染红的喜果，如花生、核桃等。嫁妆送到男方家，男家的亲友中，若有妇人想要求子，就会向主人讨要子孙桶内的喜蛋和喜果来吃。有时候家中有小儿新生，做洗三礼时，亲友放在洗儿盆内的喜蛋也会有妇人讨来吃。清代人认为这种新人的喜果同样有送子的能力，吃下寓意生子的喜果，很快就会有喜。

芜湖则有吃瓜求子的习俗，每年清明时节，芜湖人会买南瓜回家，整个瓜洗净后放到锅中煮烂，中午将煮熟的瓜捞出来，夫妻二人面对面共吃一瓜，当地人认为吃得越多，越有可能生子。

清代人认为果实是生命力的象征，吃了果实就能怀孕。于是在湖南等地，有送瓜、偷瓜的习俗。每年中秋节，湖南苗族地区的女子会早早地央求家人去别人家的地里偷一个冬瓜或者南瓜。瓜偷回来后，会在瓜身下面扎一个洞，从洞口向瓜里灌入当天洗锅的剩水，再用细长的辣椒塞住小洞，不让水流出。一切都处理完毕，亲友会把瓜送给求子的妇人，妇人怀抱瓜身，抽掉辣椒任由洗锅水洒满自己一身，并向围观者送上糖果等酬劳。

安徽也有吃瓜求子的习俗，同样是每年中秋之前，亲友要去果园里偷个冬瓜，到家后，再用彩笔在瓜身上绘上眼睛、鼻子、嘴巴，给瓜身穿上衣服，将冬瓜装扮成人的样子。中秋节那天，会由家中的年长者抱着此瓜，敲锣打鼓送到女方家中。

到得女方家中，长者一路将冬瓜抱到女子的闺房，用被子将冬瓜盖上，此过程中，长者口中一直念着“早生贵子、多子多福”等吉利话。接受此瓜的家庭也要在家中设宴，酬谢送瓜来的人。宴毕送走亲友，女子会切开冬瓜将它和野菜一起煮了吃。

清代的江西、安徽等地，每年庙会时，会有僧人诵经放焰火，仪式结束后僧人将陈列祭祀的包子、水果等物向台下抛去，据说妇人无论捡到哪一样，来年都会得子。

清代某些地区还有偷瓜、偷灯的求子习俗，一方面是由于瓜果因为多果实有多子的象征，另一方面则是因为灯和丁发音相近，为了添丁进口，那些渴望生子的家中就会去别人家偷灯。

贵州有七夕节偷瓜求子的习俗，每到七夕节，已婚想求子的妇人会趁着天黑，结伴到田地里偷瓜，趁着月色大家还会对瓜进行一番挑拣，据说偷的瓜越圆，瓜身越光洁，则来年生子越俊朗。七夕节偷瓜不仅不会受到邻家的责骂，相反当天即使有人遇见偷瓜，也会视若无睹，有些甚至会主动上前说一些祝福的话。

在广州也有偷果求子的习俗，相传在七夕夜，妇人到田地里偷摘别人家的莴笋吃了，则很快就能得子。

有些地方则是偷灯求子，每年新年，兴化几乎家家都会做孩儿灯，这种灯用细土和泥制成，因为细土又称观音土，故而此泥做成的灯又称孩儿灯。正月里，人们会把孩儿灯送给家中无子或者人丁不丰的家庭，名曰“送子”。而收到此灯的家庭，也会宴请送灯人，并将孩儿灯供在正堂之上。

淮安有送砖求子的习俗，每年元宵节后，二月二之前的十几天，凡是家中无子或是人丁不丰想要求子的女性，亲朋好友都会送上一个纸糊的灯笼，灯笼里放着取自东门外麒麟桥上的红砖，淮安人认为送这种砖有麒麟送子的意思。

送砖之前会有亲友提前看好吉日，而后派人与接受砖的那家人进行沟通，告诉他们送砖的时间。到了送砖当天，亲友会集结十几个人，友人抱砖走在队伍中间，队伍之前是乐队，家人敲锣打鼓欢呼阵阵，身后是几位身形健壮的朋友，有时候送砖队伍还会绕着整个村庄一圈，吸引了村民的围观之后，再回到接收砖的人家门口。

受者早就等在家门口，接到放砖的纸糊灯笼，第一时间将红灯或者砖直接挂在贵重床上，而后设酒宴款待这一行送砖者，以示感谢。

清代北方还有“拴娃娃”的习俗。在纪文达公的《阅微草堂笔记》中早有记载：“余两三岁时，尝见四五小儿，彩衣金钏，随余嬉戏，皆呼余为弟，意似甚相爱，稍长时，乃皆不见。后以告先姚安公，公沉思久之，爽然曰：‘汝前母恨无子，每令尼媪以彩丝系神庙泥孩归，置于卧内，各命以乳名，日饲果饵，与哺子无异。殁后，吾命人瘗楼后空院中，必是物也。’恐后来为妖，拟掘出之，然岁久已迷其处矣。”

安徽也有拴娃娃的习俗，三月十五，妇人会到四顶山烧香求子，山上寺庙供奉着碧霞元君，侧殿供奉着送子娘娘，庙内住持会买一些泥娃娃挡在送子娘娘周围，有求子的妇人给寺庙捐一些喜钱，换取泥娃娃。若将泥娃娃带回家中后，家中妇人果然得子，则需要给泥娃娃披上红彩带，请人敲锣打鼓将娃娃送回到寺庙之中。

在吉林，每年四月二十八庙会的时候，妇人会趁这个时间到观音阁里拜神求子，捐了香油钱，妇人偷偷从观音座下拿一个纸糊的娃娃，回到家中将娃娃放在褥子底下，若得子同样需要到寺庙中“还子”。

清代人求子有时候并不限时间，无论是婚礼时、婚礼后，还是岁时佳节，哪怕大家见面打招呼时说的一些祝福语，也会有“添丁进口、多子多寿”等。

清代求子的方法很多，毕竟在清代的传统思想里，清代人重视子嗣问题，孩子是香火的延续，而女性更是将孩子作为她们对未来生活的期待。

第2章

小儿诞生，阖家欢庆

生育礼俗是人生一切礼俗的起点，一个婴儿的降生，不只是一个新生命的到来，也是一个家族文化的延续，是家族势力的增长。

清代生育礼俗名目繁多，主要有未孕期的祈子礼，妊娠期的催生礼，婴儿降生后的诞生礼，出生三天后的三朝礼，满月后的剃头礼，周岁时的抓周礼等。

在浙江杭州等地，凡是家中有孕妇，在即将分娩之前，娘家的父母亲友就会送一些礼品到女婿家中，祈祷女儿分娩顺利，这一行为称为送催生礼。

《杭州府志》记载，杭州府临安县的一户妇人农历七月即将分娩，这一日，女子娘家母亲、舅姑、大嫂等一行人抱着几个银盆随着乐人走去女婿家。乐人是娘家出钱雇佣的，一路走一路吹奏笙，取“催生”之意。一银盆里放着外壳染红的喜蛋一百二十枚，还有桂圆、红枣、栗子等喜食，还有十双红漆筷子整齐压在喜食之上，最上面用一张彩纸遮盖。另一银盆里放着娘家母亲早早为孩子准备好的襁褓、新衣。新衣是母亲在一个月前就绣好的，一身上面是五男二女的吉祥图案，另一身则是金童报喜。

自古有“十里不同风，百里不同俗”的说法，清代同处浙江，嘉兴府的双林镇虽也有催生的习俗，但所送的催生礼却并不相同。

双林镇的妇人即将分娩时，娘家母亲会送来衣服和襁褓，但所送的喜食并不再是喜蛋、栗子、桂圆，而是换成了别具风味的粽子、糖蛋、火腿、风鱼，那些家中贫苦的，则会多煮几枚糖蛋，然后在红枣、糖、肉、鱼这些江南常见的食物中，任选两样，送给产妇，取一个“早生、顺生”的吉祥寓意。

其实无论送什么，这些习俗无一例外，都是祈愿女子能够顺利生下孩子。

清代的风俗中认为，临产时有男人在场视为大不吉，汉族女子临产时，要回避丈夫在内的所有男人。若有不知情人闯入，主人还要请他喝一杯茶水以解邪气。

小儿降生后的第三天，要举行“三朝礼”，又名洗三。

“三朝礼”当天，娘家舅舅早早派人送来红鸡蛋、十全果、小儿新衣、襁褓等物品，随后娘家父母、舅舅、舅姑、哥嫂们一起来到女婿家，大家见面相互庆贺一番后，到了临近中午的吉时，早有嬷嬷从后宅把孩子抱了出来，这时舅舅们需要给孩子送上金银打成的金银锁、镯子、金银项圈等物品。大厅之内也已经准备好了两个外面包着彩纸的木盆，一盆中放着热水，会有嬷嬷洗净孩子身上的血迹。另一盆中则放着大米、丝绸、铜钱等物品，由全福夫人包着孩子放在盆中，将丝绸、大米、铜钱等撩到孩子身上，口中念着“荣华富贵”“一生康泰”等话，寓意着小儿在未来会有富贵之命。

有些地方还会在盆中放喜蛋、金银饰等物，用喜蛋在小儿的额头上滚来滚去，寓意着未来小儿不会生疮，用金银饰擦过孩子的身体寓意着孩子生长过程中不会受到惊吓，而后将小儿和孩子父亲的一只鞋、碎钢片、肉骨头一起放在秤上，寓意着小儿长大之后会子承父志。

小儿降生后的第三天，族中有声望之人则会用艾草泡水，洗净孩子的身体。

这天产妇家人还会在奶奶庙前烧纸还愿，中原人认为小孩儿都是奶奶神赐给自己的，生下孩子之后，必须去奶奶庙烧香祈愿。每年奶奶庙会的时候，家中有小儿的，还会给寺庙中送去一个身长约五寸的泥人，泥人背后是自家小儿的姓名，这种行为类似给自己小儿找了一个泥胎的替身，祈愿灾祸降临时，用泥胎来抵御灾祸，送泥胎的行为，直到小儿年满十二岁后，才能停止。

京城满族“三朝礼”最富有特色。

满族人认为，小儿的“洗三”礼需要由儿女双全，且有威望的老太太主持。

三朝礼当天，男方会用车将老太太接到家中，三朝礼开始后，老太太在炕上盘腿而坐，一边的仆役们端上盛着热水的大铜盆，热水用槐树枝、艾蒿叶熬成，熬好的热水冒着白汽，前来观礼的亲朋好友们则把带来的铜钱、花生、鸡蛋等丢进水里，边丢边说一些祝福的话，俗称添盆。添盆之后，老太太会给小儿洗身，洗后还要用姜片和艾蒿在小儿的脑门、身体等各处揉搓，这样经过姜片和艾蒿揉过的孩子长大之后身体会格外强健。

洗三结束，老太太用新布蘸取一点茶水擦拭小儿的牙床，直到小儿哭出声来，满人认为小儿哭的声音越大，长大后越有成就。也因此有些小儿在擦拭牙床时，老太太会悄悄捏小儿的屁股，以保证他能放声大哭，这一行为满人称为“响盆”。最后小儿父亲用大葱在小儿身上敲打三下，边敲边说：“一打聪明，二打伶俐，三打明明白白。”打完，由父亲将葱丢到房顶上。

主人家当天煮面条招待前来观礼的亲友，再给老太太奉上金银，用车将老太太送走，热热闹闹的三朝礼才算结束。

孩子满月后，清代人还要为孩子举办满月礼。在东北，满月礼当天，产妇娘家会给女婿家送来猪蹄、白面、红糖、鸡蛋等食物，希望产妇吃了这些能够多有母乳。当天孩子的祖母还会送给孩子金子做成的麒麟锁、状元牌、手镯，而后主人在家中摆宴，俗称吃满月酒。

小儿满月还有剃头的习俗。满月当天主人家不仅要设宴款待宾客，还要给小儿剃头。给小孩儿剃头的人，一般是家中的长辈，用干净的细布轻轻擦拭完小孩儿的头发，长辈用剃头刀小心剃去头发，这些被剃落的头发不能随意丢掉，产妇会把这些头发揉成一团，再小心做成一缕缕的线状，用红绿花线和头发编制成一团，高高挂在堂屋最高处。清代人认为，小儿头发挂到高处，在未来的成长中会有胆有识。

头发剃完，家人给小儿穿上大红大绿的衣服，再由其他人抱着绕街市走上一圈，旁边专门有一个人打着伞，为小儿遮挡阳光。绕街市一周的路线得提前规划好，所走之路最好有一座小桥，小儿经过小桥预示着他能健康成长。

等到小儿满周岁，家中给小儿举办抓周礼，这天正堂的大方桌上早就摆满了文房四宝、金银、小木剑、琴箫、书籍、秤尺刀剪、脂粉钗环、玩具还有各类点心等物，小儿由母亲抱着走到桌前，然后将其放到桌子中央位置，看他向那些物品爬去，清代人认为，小儿抓到手上的物品寓意着他未来的职业。

在清代，小儿的诞生不只是新生命的降生，还是一个家庭乃至一个家族的希望，从催生礼、诞生礼到三朝礼、满月礼、抓周礼，这一系列的礼仪背后，寄托着一个家族对后代的厚望。

第3章

育儿是整个家族的事情

清代信奉儒家为正统，其育儿之道基本上也遵循儒家的礼教程序实践。在清代，关于一个孩子的教育问题是一个家庭，甚至一个家族共同的责任。

清代人的育儿分为三个阶段：零到三周岁为幼儿，此时寓教于乐。四岁到十岁为儿童，此时寓教于识。十岁到十五岁为少年，此时寓教于礼。一般十五岁后，清代人就要给孩子举办成人礼，成人礼之后他就要被当作成人对待，肩负起整个家族赋予他的使命。

清代从民间到宫廷，对于幼儿的教育问题，整个家族都极为重视。

当幼儿连续办了诞生礼、三朝礼、满月礼和周岁礼之后，这个刚刚学会爬的小孩就要开始接受家族教育了。

清晨一大早，当小孩从睡梦中醒来，早有嬷嬷等在一边，为他穿衣洗漱之后，嬷嬷抱着他到后宅的主院，他的母亲正等在那里。清晨桌上的六碟清淡的菜肴和几盘点心，用餐完毕，母亲把他放在堂屋，看他在一边玩耍。

母亲处理完后宅的事情，就拿出一些玩具逗孩子。一周岁的小孩正是牙牙学语的时候，常常会有嬷嬷在一边教他学一些生活中的常用语，如吃饭，睡觉，学堂，爸爸等。偶尔母亲也会带他到院子里走走，看一看天空的云，闻一闻花朵的香。

这种教育状态持续到两周岁之后，幼童已经对整个世界有了自己的简单认识，能够独立说一些话，此时他的教育依然归母亲来管。

母亲会教他写一些简单的大字，时常也会念三字经给他听，或者用猜谜语，唱歌谣的形式教一些简单的知识，耳濡目染之下，幼童便能背上几句《三字经》和《千字文》了。当然世间从来不缺少伶俐的孩子，有些诗书传家的孩子，在这个年龄甚至可以完整地背下《三字经》和《千字文》。

但无论怎样，这个孩子都是幸运的，尤其和那些家境贫寒的孩子相比。那些贫民家的孩子，必须要做一些力所能及的家务活补贴家用，更不要说跟着母亲学习读书写字了。

幼童三周岁后，家境富裕的人家开始为他找书院和启蒙老师。清代人极其注重对启蒙老师的选择，他们信奉“一日为师，终身为父”，这些老师不仅教授他们书本上的知识，还会告诉他们社会上的常识。

在此之后，后宅中的母亲开始逐渐放开对孩子的管束，而父亲作为家庭的支柱，也就肩负起了对孩子的教育责任。

清朝人在教育上遵循儒家“君君臣臣，父父子子”的思想。从孩子开始踏进学院那一刻起，即使启蒙老师会用戒尺责打幼童，家长也并不会生气，反而会感觉欣慰。甚至有些严厉的家长，会在幼童放学后，询问其在学院的学习情况，若得知受到老师责备，反而会再次出手责骂幼童一番，认为其不争气。

幼童四岁到十岁这段时间里，在学院和周围的孩子一起识字读书，每天背四书五经，虽然其意并不甚解。清代的启蒙老师认为，学生的学习是一种启迪的过程，把这些文字教给孩子，他们怎样理解完全凭各自的天赋。

有些老师为了增加孩子的学习兴趣，用儿歌、谜语、对联等形式来教授，寓教于乐，把学习变为一种游戏。

幼童成长为少年，他的学习状态就不再是简单的读书识字，而是要了解一些社会上的道理。十岁到十五岁的少年，无论是家庭、父母对其进行的家庭教育，还是学院老师进行的儒家教育，都会着重对孩子的心性、行为、道德的教育，以使言谈举止符合当时礼制的要求，不得越轨。

清代人认为孩子循规守礼是成才的表现，而那些张狂、放荡不羁的人，不仅自己会被他人耻笑，甚至其父母、家族中的姐妹等，都会受到责难。

清代汉族人家，大多会让孩子走科举考试的成才之路，但是对于马背上的民族——满族而言，尤其是八旗官员，对子女的教育则是重武轻文。

满族的幼童十岁到学校学习，在校期间，要学习经史子集儒家思想，学习骑射。有些孩子甚至从三四岁开始，就学一些简单的马术知识。到了六岁，就能用特制的木箭在院落里练习射箭，十三四岁的时候，就开始随着父亲、兄长参加围场射猎等活动。

满人入关后，清代皇帝依然极其注重骑射之风，康熙帝规定所有的八旗子弟及满族宗室，其家中男孩都要从小学习骑射知识，过了十岁，每年对他们进行考试，考试由皇上和军机大臣主持，皇子先射，而后是八旗子弟。

正是在这样的社会环境下，满族幼儿大多学习骑射，甚至一些满族妇女都擅长骑射，小小幼童也能弯弓射雕。

满族最初重武轻文，把披甲征战、弯弓骑射当作教育的第一目的。天聪五年（1631 年）大凌河之战，皇太极从明军士兵的守节殉死中，发现了“读书明道理”的重要性，于是要求所有的宗室尊孔读经，即使武将家的幼童，也得学习满语诵读儒家经典，因为“教品行，习仪礼，胥于学校是赖”。

清代统治者认为，儒家思想是整个社会安稳的精神力量。只有学习儒家知识，社会才会长幼有序，尊卑有序，上下有序。在这一风气下，康熙年间，一些八旗子弟也开始走科举之路。甚至康熙年间的一次恩科考试，八旗子弟竟有五百多人报名，六十余人金榜题名，由此可知清代满族的教育有多成功。

无论汉族还是满族，清代人在幼童的教育问题上，基本上都遵循着以上的教育方式。但在一些育儿问题上，不同地区依然有一些相异的习俗。

在清代民间，传说若想男孩儿长大之后富贵，在十二岁之前需要男扮女装，留长发，所以当时有男童十二岁剃毛头的习俗。幼童成长到十二岁时，家长选定良辰吉日，询问孩童意见，将头发剃成男孩模样，家中亲友也会在当天送来礼物祝贺孩子躲过了灾祸，以后将一世平安。

和剃毛头类似的是清代的寄名习俗。为了孩子能平安长大，幼儿出生后，家人为防止其早夭或者多病，将孩子放在神明或者高僧前寄名为弟子。

寄名时，父母会带着幼童到寺庙里烧香添香油，然后把小儿的生辰八字供奉在神明前，由僧道为小儿起一个佛家名字，并且给他扎道髻、穿道衣，戴上刻着金玉满堂或长命百岁的银项圈或银锁。寄名后的三年内，寺庙都要准备斋饭送到幼儿家中，幼儿家需要支付给寺庙斋饭钱。直到小儿成婚，把生辰八字从寺庙中要回，寄名关系才算结束。

清代这些习俗，无一例外都是为了能让孩子健康平安长大，在未来的道路上能走得更顺利一些。在那个封建时代里，为了教育出一个优秀的孩子，完全是举全家之力，甚至全家族之力。

当然，一旦这个家族中有一名少年有朝一日迈进金銮殿，则整个家族也将因他繁荣。

第4章

告别与新生，风格迥异的成人礼

清代京城的苏府家里，今天热闹非常。苏府的大公子将在今天举行成年礼。过了今天，意味着他将开始享受社会权利，可以娶妻生子，也要在官场或商场上开始打拼。

一大早天刚蒙蒙亮，苏府就开始忙碌起来，家中奴仆在准备加冠礼后的宴会。

一会儿，客人陆陆续续来到，早有奴仆等候在府院门口，接过客人手中的礼物，领着客人到前厅喝茶。

给苏大公子行加冠礼的是苏氏一族的族长。仪式开始后，他挽起苏公子的头发，在头顶处打一个髻，而后把早已准备好的玉石头冠戴上。结束后，会有尊长在众人面前为加冠者起字号，用笔墨写下来，挂在墙壁上，让前来参加仪式的客人品评。

随后族长打开祠堂，将加冠者的字号告知已逝的家中长辈，寓意着家中又有一男人成年，将顶起家中门户，这也是加冠者第一次入祠堂。

将字号告知族中长辈，加冠者在祠堂叩拜三次，由族长对其念一族的家规，督促其铭记，尽心做好每一件事，加冠礼才算结束。随后客人到中庭稍坐，奴仆们忙着准备加冠宴。

加冠宴是要告诉亲友，加冠者告别了曾经的稚嫩，正式迈进社会，承担起家族及社会的责任。

清代男子的成人礼，虽然各地区风俗各异，但他们都遵循着一条规则，只有经过成年礼的少年，才能正式享有在本族乃至社会上成人男子享有的各种权利。

和男子的成人礼相比，清代女子的成人礼要简单许多，清代女子并不需要像男子一样接受各种对身体和心理的考验，大多数女子的成年礼只是追求表面化的象征，当然这也意味着她们被赋予的社会权利和义务要比男子弱上许多。

女子的成年礼，需要家中长辈提前几日给亲朋好友下帖子，邀请他们来观礼。即将进行成年礼的女子也可邀请自己的好友一起参加。

成人礼当天，有三世同堂的全福夫人来为女子主持。她将女子象征儿童的双环髻全部散开，用牛角梳从头慢慢梳到尾。在这个过程中，全福夫人口中还要念着各种“一世安康”之类的祝福词语。待头发梳完，再由其将头发全部盘起来做成发髻，用簪子插住，以示成年。

随后女子把自己提前做好的女红等物品一一展示出来，接受来观礼的人审阅。

汉族官家的女子成人礼，还会邀请本地的名门望族一起参加，人们送上各种寓意女子秀外慧中，未来幸福美满的礼物。

清代汉族的成人礼虽然逐渐淡化了对少年的各种考验，但是成年依然意味着要告别过去的稚嫩，开启新的人生旅程。

第5章

偏方不过是命悬一线时的稻草

鲁迅曾在《药》里提及一个偏方，华小栓因得了肺痨，终日咳嗽，仿佛要把最后一点生命都咳出来。为了治病，华老栓偷偷摸摸买来了人血馒头，悄悄用火烧过后，给他吃了，期望能换来他的康复。

鲁迅用人血馒头这个偏方讽刺当时人民的麻木与愚昧。现代人看来觉得不可思议，怎么会有人相信这样荒唐的偏方？

偏方就像是命悬一线时看到的救命稻草，外人看起来的荒唐，却是当事人全部的希望。

清代民间的药店甚多，大多数药店有中医坐堂，会根据一些秘方，自制一些药品，作为药店的活招牌。

除了民间的药店，清代还有一些游医。这些人中有一些是江湖骗子，有时运气好的话也可能遇见济世神医，不过绝大多数只是一些普通郎中，没有固定的坐堂药房，常常带着一个招幌到处走，幌子上一面基本上是“华佗再世”“妙手回春”之类的广告语，另一面则大多描述自己擅长医治的疾病及妙方。有人看病，他们便就地坐下，幌子插到身后，而后听脉问诊，和坐堂医生并无什么两样。

在清代，尤其是民间，普通百姓患上了一点儿小病痛、常见病，为了省钱，大多数会用流行的“偏方”来自行治疗。这些偏方中所用的药材及方法，大多便宜简单，百姓都能轻易获得。

例如清代常常流行的几服治疗一些常见病的偏方：“凡尿频者，用白果七枚，煮水食用，则终日不小便。”或者“临床而坐，将脚下垂，闭气数秒，用舌头抵住上颚，目视头顶，手摩两肾俞穴各一百二十次，如此数十日，自然有效”。还有一些专治妇人的偏方，如“妇人宜多吃生芝麻，生下的小儿不会生疥疮”“孕妇若是难产，用一根旧头绳，沾了头油，烧成灰加上一两人参片，煎水服用，孩子就能顺利生下”等。

在清代许多民间流传的偏方中，都会用一些奇怪的东西入药，比如某些动物的排泄物、童子尿、各种动物的血液、小儿胎盘、各类毒虫等等。

《台州府志》曾记录了当时的一个偏方。乾隆年间的刘秀才，年不过三十，却突患眼疾，最初的时候，眼睛不过是略有肿胀，此后半个月，疼痛愈甚，渐渐竟目不能视。

因当时的医学尚不发达，郎中看过后也不能医治。刘秀才家中尚有双亲需要侍候，家中三个小儿，最小不过两周，这个眼疾相当于砍断了这个家庭的顶梁柱。

为了能治好眼疾，刘秀才及其亲友四处寻访郎中，家中银两耗费个一干二净。后有人告诉他一个偏方，称用童便和草木灰每日冲洗，十日后眼疾可消。结果刘秀才用了这偏方不过两日，眼睛更加疼痛，流出脓血，不到十日，就死去了。

清代京城之中，有些药铺是世代专营的药行之家，声名远播，为世人信赖。这些药铺有些会由患者自寻找了医师诊治后，拿着药方来药铺直接购买药材，也有一些药铺会雇佣几位名医，为患者坐堂诊治，再开具处方，患者根据处方来购买药物。这些处方里有一部分是未经加工过的药材，也有少量的是一些丹丸膏药，或者提前做成的汤剂等成药。

药铺内销售成药，在清代并不算新鲜，这些成药大部分是药铺掌柜根据某些祖传的药方提前做好的，一方面是为了保证药方不会被同行剽窃，另一方面，这样的成药也满足了某些人的特殊需求。

清代，深宅之内的妇人常会被一些妇科疾病困扰，清代称其为“带下症”。但因当时的社会环境所限，妇人出门问诊极不方便，而这类给妇人看“带下症”的医师也常常被同行相轻，因此，某些医师会提前将药物做成专治各类疾病的丸药，方便深宅内的妇人服用。

清代还有一种偏方在民间广为流传，那就是据传能让人生男孩的药。

除此之外，清代还有许多常用的药方，也是所谓的偏方，例如，清代郎中认为雨水是无根水，是天上而来可以治病。不同时节的雨水，可以治不同的疾病。例如对于深宅内妇人最为头痛的不孕之症，清代人认为，在立春之后用坛子接了雨水之后，埋在树下藏上半个月，夫妻二人喝下这种水，再同房，就可怀孕。

清代民间还有许多治疗不孕症的偏方，有些在现代人看来甚是离奇，例如，在上元节去偷别人家地里的瓜果，不日后，妇人就能怀孕。

咳嗽这类的病症也能用雨水解决，例如清代人认为，取冬季初雪和各类药材一起封进坛子里，这样的药材制成丸药，有特殊的功效。

在清代沿海地区，有人曾因食鱼，被鱼刺卡喉，呼吸不畅，生命垂危时，有郎中出一偏方，把渔网煮成汁，或者将渔网烧成灰，喝下去，鱼刺就能掉下。

对于这类奇特的偏方，清代人总是深信不疑，而且还会赞叹其奇妙。这类偏方的存在就像是被生活所困的人手中的救命稻草，大多数偏方就像真的稻草一样没什么用。

第七辑

四季更迭，风俗不移

第1章

热闹的新春辞旧

清代从除夕“请神”开始，到初五“送神”结束，都称为过年。初六，皇帝要上朝御政，商铺要开门营业，皇子要上课读书，新的一年就此拉开帷幕。

除夕之夜，打更人敲了子时的木梃，太监伺候皇帝起身，十几名小宦官整齐立在一旁，从镶金掐丝楠木食盒里端出水果、蜜饯、糕点等食物，满满摆上一桌，由专事太监恭请皇帝吃下苹果，寓意新年“岁岁平安”“甜甜蜜蜜”。

子时一刻，皇帝一路行至养心殿东南室，案桌上摆放着朱漆雕云龙盘，古铜八祉吉祥炉和香盘，玉烛一支，特制御笔数支，笔端及笔管分别镌刻“万年青”和“万年枝”字样；御用明黄纸笺若干。皇帝先用“金瓯永固”金杯，饮下屠苏酒，而后将御笔在吉祥炉上熏香，用朱笔在黄笺中心竖着写了当前年号，元旦良辰，宜入新年，万事如意四句吉祥祝福，再用墨笔于其右写“三阳启泰，万象更新”，于其左写“和气致祥，丰年为瑞”等吉祥字，以图新年大吉大利，以祈一岁之政和事理。

新年伊始到养心殿东暖阁明窗处开笔这个习俗，始于雍正年间，并为后代皇帝仿行。

更敲寅时，皇帝在礼部堂官的奏请下着奢华礼服，乘礼舆出宫。侍卫整齐列阵，随驾前往。

清水车沿街洒扫，净沙铺路，更有不能参加行礼的汉人百官及蒙古王公台吉等身着朝服在道路两边跪送。一路警戒至午门口，皇帝下礼舆，这期间百官及普通庶民皆不可抬头直视，以免冲撞龙颜。

至午门堂子，皇帝率从祭群臣在圜殿前行三跪九拜礼，仪式结束，皇帝乘舆直奔奉先殿，这是各代皇帝祭祖的庙堂，每逢当朝皇太后、皇帝诞辰及元旦、冬至、大庆之日，则移列帝、列后神位于前殿祭享。

今天也不例外，皇帝早在三日前就开始斋戒，此刻跪于神位前，有司祝进祝版，宰牲，韶乐起，颂祝文，三拜之后，皇帝回宫。

更敲五鼓，皇帝起身到太和殿受王公、大臣及文武百官朝贺，又到乾清宫内升座，此时皇后及宫眷分别朝拜，行六肃三跪三拜礼，请安、道新吉。皇帝将象征一年的喜乐如意递交皇后。

太后是宫中位分最高之人。新年伊始，太后正式在前殿升宝座，等待着皇帝率诸王、大臣等行三跪九叩礼。而皇后也会再率妃、嫔、宫眷等依次行六肃三跪三拜礼，公主、福晋、命妇等则槛外随从行三跪九叩礼。

宫内元旦贺礼结束后，就已是辰时，皇帝摆鸾太和殿，中和韶乐声后，阶下三鸣鞭，王公百官三跪九叩礼，复原位立。更有外国陪臣另行三跪九叩礼，复原位立。皇帝赐群臣及外国陪臣坐下，有太监端来茶盏，群臣坐饮结束，行一叩礼，并按次序退下。

眨眼至申时，皇帝再到太皇太后宫中问安，此时宫内一片热火朝天的景象。

和平民百姓相比，皇宫的节日庆祝显得拘谨的多。

每逢过年，家家户户都要在中堂之中悬挂福字或者在门框上贴春联，用五色彩纸，剪成铜钱一样的形状，用丝线结成一串，在大年初一的当天，高高悬挂在正房门楣之上，象征招财进宝。

家家为了能有一个更好的象征寓意，不输了邻家气势，常常提前几天就已经剪铜钱，穿串悬挂。久之，风尚形成，每逢年节，户户门口彩纸飘扬，煞是娇艳美好。而彩纸铜钱高空飘摇的样子，远观像是金钱随风飞入门，寓意财神进门而来，故也称招财神。

除了招财神，民间还有装财神的风俗。

正月初一，天刚蒙蒙亮，乡里就已经热闹起来，锣鼓阵阵，有乡里爱好玩闹的人用脂粉、炭条装扮成文武财神，手拿长鞭，站在马棚之中，放声高歌，每遇此景，马棚主人们为祈祝新的一年里有好运，便会拿出早已准备好的铜钱串子挂在这些人脖子上。这些人拿到钱后，也并不回家，而是敲锣打鼓继续去别家贺新年，寓意给家中送财送宝。

也有地方，会在一尺余的红纸上写上数句如“五谷丰登”“吉庆有余”“瑞兆丰年”等吉祥的话语，贴在门前，与鲜艳桃符相辉映。或有人家将八仙人物绘于纸上，悬挂于佛前，祈福安康。或用满文在白纸中间刻一寿字，再用金钱花纹环绕旁边，据说，将这样写满祝福和美好寓意的纸在新年第一天贴在门楣上，则一年都能招财纳吉。

除却祭祀、纳福，过年逛庙会，在清代已成风气。

《清稗类钞》载："京师各庙，辄有集市，百货充盈，游人纷沓，俗谓之'逛庙'。逛庙有定期，京师广宁门外财神庙，庙貌巍焕，报赛最盛。每岁正月初二日倾城往祀，商贾妓女尤夥。庙祝更神其说，谓借神前纸锭怀归，俟得财当十倍以酬神，故皆趋之若鹜也。"

对于清代全国的青年而言，春节时期的庙会极具吸引力，他们平日里在课堂中埋头苦学"四书"中的圣贤之道。而在新年里，这些学生则会约上三五同窗好友，一个接一个地逛地摊。无论是卖珍宝、书画、古董、碑帖、南纸的，还是卖各种饮食、玩具、首饰、花卉的，都要停下来，仔细看看。在这个时间里，大家都愿意花钱买上几件可心的东西，只为图个新年吉利、财运亨通。

除京师各地在新年期间有庙会外，各地城镇均会在新年期间张灯结彩，大家燃灯祀神，施放烟火。运气好的还能见到走桥，击唱秧鼓，妆耍大面具，舞龙灯诸戏等戏法。灯影上下参差，璀璨如昼。这足以见得其风尚的隆重与繁盛。

元旦是一年之始，大家满怀期待憧憬着未来，是对更美好生活的渴盼。而清代岁时习俗基本沿袭了前代的俗制，并无明显变化，仅仅某些节日习俗，逐渐发生演变，使得旧有习俗的内容更加丰富繁盛。而满汉文化的相互渗透，相互改变也促进了新的节日习俗的形成。

第2章

万物复苏的萌动

立，始建也。春气始而建立，故曰立春。古人将立春分三候，一候东风解冻，二候蛰虫始振，三候鱼涉负冰。对于清朝来说，春天关系着整个国家一年的丰饶贫瘠。天子将在这一天亲派各位王公大臣、公孙贝勒参加隆重的祭祀活动，以祈福新的一年里，风调雨顺，五谷丰登。

立春将至，顺天府的官员们提前一天来到了东直门外，衙役差役们将晒成金色的禾苗均匀铺到地上，脚踩上去簌簌作响。场地中央是在半个月前刚刚竣工的土牛台，与土牛台相邻的是用木料临时搭建的芒神亭。

立春日，皇帝乘青色车子出巡，侍卫擎青色旗帜，乐人吹着牛角号紧随其后，随后是由满汉朝臣组成的迎春队伍，大家均着青色衣服，浩浩荡荡来到东郊八里处。皇帝下车后，仪式开始，几位彪形大汉将用泥塑成的芒神请入芒神庙，将由泥土和禾苗制成的土牛抬上土牛台。

宫人们用舞乐开场，寓意唤醒沉睡一冬的大地。随后礼部侍郎呈进“春山宝座”，顺天府呈进春牛图。

待皇帝逐一阅罢，礼部、顺天府再一一收回。皇帝手持金鞭，走至土牛台前，金鞭挥起，击在土牛身上。鞭梢抽打空气，啪啪作响。三鞭过后，打春牛宣告结束。官府则组织农民开始耕种土地，春天正式开始。

清代农业蓬勃发展，各地对农耕极为重视，故而打春牛习俗不仅仅在京城盛兴，全国各地均有类似风尚。

在祈福立春游行的队伍里，有两个人行走如燕蝶般轻盈，他们抬着华丽的台阁，台阁内坐着当地有名的歌姬，歌姬一路高歌，引百姓驻足观看。这项活动也被称为“抬春色”，所经过的道路也被称作春天经过的道路，寓意着和谐美满。

立春时节，为了祈福苍天风调雨顺，民间的手艺人会和泥巴，捏出许多只小泥牛，也有巧匠用染料涂在泥牛身上，五彩斑斓，随后挨家挨户将泥牛送到别人家，并说上几句吉祥话语，方算得上“送春”。而收到泥牛的人家也会拿出一定的报酬回馈给手艺人。

在民间，待字闺中的女儿立春当天，会约上好友在后院石桌旁坐下，喝一杯春茶，吃几个薄薄的春饼。待日光正盛时，女儿们则取出彩纸，剪出各种各样的鸟儿花草形状，再缠上银枝，粘上细绒，而后戴在头上，争奇斗艳。

出嫁小姐会拿出亲手做成的绢布娃娃，佩戴到弟弟妹妹身上，意指戴春娃，保佑他们身体健康，平安长大。家中有耕牛的，则会专门缝一个小布袋，内装谷类、豆类等杂粮，挂在耕牛角之上，祈福来年六畜兴旺，五谷丰登，一年四季平安吉祥。

农历三月初三，古之上巳节，文人雅士都要携酒出游，参加各类踏青的游戏。

京城东郊十里，车马如集，游人如织。这里正在进行一项蹴鞠比赛，场上少年身着骑马短衫，以头上不同颜色丝带分为两队。蹴鞠活动最初由皇帝发明，本意为训练士兵，但随着时间的推移，这项活动逐渐由军队向民间推开。

另一边沿河岸堤，垂柳青青，几位书生正对柳赋诗。也有人将鸽子放入葫芦中，随后将葫芦绑在柳树上。箭矢破空而出，射中葫芦后，鸽子被放出。哪家鸽子飞得最高，则射艺最强。日上高头，有高门大户少年骑马而来，相约踏春寻芳，马蹄阵阵，马鸣萧萧。

有的少年用透纱做蒙面，取干燥而韧性十足的竹篾做骨架，将纸小心翼翼糊在骨架之上，随后用毛笔在上面勾勒出山水、花草、鸟兽等图案。

待到清明节前后，晴空万里，几个小伙伴相约到城郊之外放风筝。碧蓝天空下，少年肆意奔跑笑声朗朗，风筝打旋飞入高空。待到风筝飞得足够高时，剪断牵线，任凭清风将风筝送往天涯海角，仿佛也将疾病与灾难送走，留下的是一年的好运。

满族人在这一天要结绳、写谱、祭祀。满族人年初家中添丁，取出由五彩绳搓成的子孙绳。这条子孙绳，自第一代就开始使用，每一代扎上一个子孙条，截止到现在，绳上已经排得满满的，这是家族兴旺发达的最好证明。

结完子孙绳，一家之主将到祠堂，取出“谱书”，谱书内详细记录了家族中的重要事件，这一天族长将根据谱书对相关人进行教训和责罚，以警示后人。

清代汉族虽然受满族文化影响，但是汉族文化依然深刻烙印在大众的骨子里。女性不得抛头露面、随意外出便是其中一项规矩。

某家小姐有一天倍感沮丧，时至清明，家中兄长都已外出踏青郊游，只留下她一人在家中。丫鬟婆子为哄她开心，找来一截长长的皮绳，拴在树枝之上，并挂上彩带，一是为了装饰，二则是为了皮绳更牢固，保护小姐安全。再在皮绳中央加上一块儿踏板，秋千就已做成。小姐坐在秋千之上，高高荡起，清风拂面，心情愉悦起来。

在清代高门大户之中，为培养女儿的勇敢精神，同时丰富她闺阁中的娱乐生活，常常都设有秋千。

清明时节，到处都是春意盎然、生机勃勃的景象，在这样的大好时光下，人们不仅缅怀逝去的先人，更在春风中迎接新希望的开始。

从立春到清明时节，清代人举行各式各样的迎春活动，但无论活动种类多么不同，大家对于新的一年的期盼都是一致的。无论皇家祭祀还是普通百姓的郊游，所求的都是春耕秋收，一年的顺遂和富足。

第3章 柔情绰态不过是女儿的绮思

七月七，七夕节。杨柳岸，南风轻拂，雨燕低飞。一阵微雨过后，淡淡荷香笼罩京城大街小巷。这是一年中最具浪漫色彩的节日，女儿的柔情绰态在这一天可以尽情彰显。夜幕垂，鹊桥会，皎月归，两岸烟火阵阵。文人雅士对月抒情，浓情萦绕中写两行诗，直抒胸臆。

清代《月曼清游图》中的一幅《桐荫乞巧》图中，清晰描绘了京中“七夕”风俗。七夕之夜，女人们以碗装水置于庭院，然后将一束针散放其中，人们争相观看在水中呈现的图案，据说图案的形状越好看，放针者的手就越灵巧。这就是清代七夕节盛行的“投针乞巧”，也叫“丢巧针”。

姑娘们围坐在一起游戏，或吟诗作对，或祭拜乞巧，或猜谜打趣。待到夜幕沉沉，牛郎织女星在深邃的夜空中更显璀璨，姑娘们嬉笑赏月，诉说对未来生活的美好愿景。

清代，七夕节当天，妇女们忙于祭拜织女，而男子则忙于屠狗祭魁星，以求科举高中，官运亨通。这就不难解释，郑大枢为何有《台湾风扬吟》诗云：“今宵牛女度佳期，海外曾无鹊踏枝。屠狗祭魁成底事，结缘煮豆待何时。”

京城之地对七夕节也颇为重视，每年七夕节，京城内还会专门举办各样七夕庙会。庙会上甚至还会专设舞台，台上摆放各样巧果。这些巧果制作者均为姑娘，她们每人集资若干，抽空用通草、色纸、芝麻、米粒等制成各种各样的花果、仕女、器物、宫室等，在初六那一日杂以针线、脂粉、古董、珍玩、时果等列于庭内八仙桌上，供人评赏。

在这一夜，几乎家家都会设置乞巧桌，街坊四邻都可前往各家参观。

欢庆至半夜，便是织女下凡的吉时，此时张灯结彩，姑娘们拿着提前制作好的多孔针，有双眼、五孔、七孔、九孔等不同的乞巧针，对月引线，谁先穿针引线而过，寓意谁最得巧。随后迎七姐，拜牛郎，这便是整个七夕的高潮，到处是欢乐祥和的气氛。再欢宴一番，人们才会散去。

除却“丢巧针”、祭拜织女牛郎这些活动之外，盛行于唐宋的“喜蛛应巧”或曰“蛛丝乞巧”同样盛行于清代。宋代《东京梦华录》：“妇女望月穿针，或以小蜘蛛安合子内，次日看之，若网圆正，谓之得巧。”这样一项活动，对于常年被束缚于闺阁中的小姐们而言，实在有诱惑力。

是夕，家家户户陈几筵瓜果于庭中以乞巧。无论是云英未嫁的小姐还是觅得良缘的妇人，都沿墙慢走，在瓜藤之下寻找蜘蛛，在找到心仪的蜘蛛之后，将其放到事先准备妥当的小盒子中，翌日清晨打开盒子。若谁寻得的蜘蛛结网最圆，网丝最为严密均匀，则寓意主人最巧。

除了乞巧，姑娘们还喜欢在七夕捣凤仙花染红指甲。凤仙花即透骨草，又名指甲草。取而捣之，以染指甲，鲜红透骨，经年乃消。

天初亮，闺阁儿女出门去牛郎庙中上香，不知是从什么时候开始，有一种说法在民间流传：上香上头香，则许愿方灵。为了能赶上头香，多数的大户人家天还未亮就派小厮出门去寺庙中早做准备，而夫人、小姐们则在后面坐轿辇匆匆赶路，甚至有些人家为一炷头香大打出手。久而久之，头香不仅仅关系着许愿是否灵验，更多的是经济、身份的象征。

对于普通人家，头香本就争不来，尽早去庙里烧上一炷即可。而后回家，将花盆里开得正艳的凤仙花摘下，放入瓷碗中，用木杵捣碎成糊状，再取少量已经制作好的糊状物覆盖在指甲盖上，使用透气度好的树叶包裹手指，用棉线扎好。翌日拆开，指甲如花红。

姑娘们也喜欢在七月初七这天，寻一种特殊的树——皂荚树，用它的汁液兑水洗头发。

其实无论是用花草染指甲还是用汁液洗发，这不仅仅是节日娱乐中的一种爱好，也是对婚姻、生育的一种向往。

比较有意思的一种七夕民俗来自山东。七夕当天，山东一带有贺牛生日的习俗，追根溯源大概是因为牛郎织女婚配得助于老黄牛，故而，这一天不仅仅是乞巧节，也是牛生日。

和民间的喜乐略微不同，皇宫里正在为一场祭祀忙碌着。在七夕之夜，皇后作为举国最尊贵的女人祭拜牛郎织女，祈求降予富贵。

这一天御花园早早地就热闹了起来，礼部一个月之前就已经将祭祀需要准备的东西列表呈给皇帝及皇后。

小太监在御花园中忙碌，摆放“牵牛河鼓天贵星君”和“天孙织女福德星君”等牌位及香案、供具等。用三只羊、三只猪、三石米饭做贡品，再摆上香烛、酒礼、楮帛等祭祀鬼神。

有小太监将蜡烛摆放在荷叶中间点燃，或用琉璃做的数千盏荷花灯摆放在道路两侧，有高僧在一边演奏梵乐。随后皇后亲自行拜祭礼，祈求国家风调雨顺，国泰民安。

皇后祭祀结束后，各宫内院里，乞巧等活动才刚刚开始。

和民间的传统一样，格格们吩咐小厨房做了各色点心，盛着美酒，月下焚香祭拜。对于这些女子来说，普通人家渴望的富足不是她们要祈求的，美好姻缘才是她们内心最殷切的渴盼。

从民间到宫廷，纵观七夕民俗活动，多与“乞巧”“婚恋”有着千丝万缕的联系。这种七夕民俗纪念活动的主体是年轻的女性，七夕也就因此被称作“女儿节”，这一节日不仅包含了妇女乞求智巧的习俗，而且演变成了民间自发组织的集体民俗活动和由此产生的繁缛祭神礼仪。

第4章
秋暮夕月恰似少年时的喧嚣

八月半，中秋节，家家户户合家团聚，共赏明月。无论皇家贵族还是走卒商贩，无论举案齐眉的夫妻还是千里共婵娟的知己，这一天都期盼着一种圆满。

在交通并不发达的清代，身处天南海北的一家人想要团聚，困难重重。如果说除夕新年是整个家族在礼仪制度下的盛会，那么中秋节就是真正具有温情的一场家宴。

御花园里，皇后身着百鸟朝凤绣金袍，头戴九尾凤钗，庄严肃穆地站在供桌之前，桌上是御膳房特制的月饼，焦黄的酥皮，油亮的光泽，饱满的饼身，香气扑鼻。周围是各类糕点，切成莲花瓣形的西瓜、苹果、枣子、李子、葡萄、香梨、石榴、丹柿、莲藕、毛豆等共三十二品。桌后立一架绣有明月、松竹或锦鳞松鹤的屏风。皇后两侧是各宫妃嫔小主，依身份列站。

月亮初升时，皇后向月神行一叩三拜之礼，各种嫔妃小主行跪拜礼，待皇后起身，一旁监礼官呈上金刀，皇后将月饼按皇家人口数目切成若干块，依次分给诸人，象征阖宫上下，团团圆圆。

祭月结束，皇后率后宫妃嫔在宫中参加合家宴会，这是新年宴会后的第一场盛大家宴。皇帝在紫金楠木矮桌前坐下，皇后于右后方而坐，正妃主嫔、小主、格格等于阶下两侧相继落座。

中秋节，京城有人家在院中摆满了花生、苹果、西瓜、桂圆、李子等果品，月上柳梢后，邻居趁着夜深到院中抓走一些红枣等瓜果，主人家丫鬟小厮也做无视状，主人更是一笑置之。

也有儿童趁天黑时，到田地里摘取南瓜，用墨汁在瓜身上绘上孩童的模样，并在瓜身上涂满泥巴，插上树枝，送到别人家的被褥中。主家不仅不恼怒，还热情款待这些孩童。

清代有传说，每逢中秋月圆之时，月宫中仙女则下凡间，遍洒甘露，而民间的瓜果鲜蔬因沾了甘露，有延年益寿、福星高照的功效。

入夜后，村中妇女就行动了，她们相互结伴到恋人家的菜园中偷摘瓜果，若谁家摘的南瓜冬瓜等肥壮、毛豆圆滚则寓意谁家孩子未来必定健康壮实。而后大家抱着偷来的瓜果到主人家要一盏茶来喝。

也有人说，那些未怀孕的女人若是在小姑子的陪同下，到田野的瓜棚豆棚里趁着夜黑摸索，若是摸到的是白扁豆，则象征与恋人白头偕老，恩爱一生，所生的将是女儿。若是摸到了南瓜，则寓意贵子将至，更是吉祥之意。

中秋节偷取的瓜果并不能带回家中，而是需在恋人家，或野地里直接食用，才表示吉祥不会溜走，幸福美满永在身侧。

无论是淮河流域、长江流域还是中原地区，偷瓜果的习俗大多与祈愿孕得佳儿有关，这也是古代女子和夫家的美好愿景。

吃过了中秋节的月饼、瓜果，又是重阳节的菊花酒、重阳糕。汉族人以九为阳数，而九月九日，其日与月并应，故称重阳或重九。而九月正值深秋，天高气爽，菊花竞放，是出游观景的好时节。

重阳节这一天，乾隆帝直接在承德避暑山庄的行宫中度过，京城内夏暑未消，而承德避暑山庄因群山环抱、河碧湖清，又与京城相距不远，成了清代皇帝度夏的首选。

九月的避暑山庄天高气爽，日月朗朗。乾隆帝带家眷一同出巡，往年他们将在行宫中举行插戴茱萸、登高赋诗、赏菊、放风筝等活动，但是今年，则略微有些不同。

这一年，蒙古土尔扈特部首领渥巴锡等来到了避暑山庄觐见乾隆皇帝。这期间的宴会自然不可少，这是一个大国应有的风度。

重阳节，民间的活动就简单而纯粹得多，文人雅士在这一天更喜欢登高，在登高的过程中观赏山中的红叶野花，赞叹大好河山的壮丽与秀美。于高处饮酒吃肉，与好友知己赋诗。

重阳节这天，书院放假，院生们就近选择一处高山、高塔等景观，登高而赏景。往日司空见惯的景致，此时凭高远眺，又现另一种美感。三五个人席地而坐，取出重阳酒，豪饮一番。文人饮酒，赋诗则不可少，击鼓传花、赋诗接龙等游戏，玩得不亦乐乎，饮醉后方才归家。途中还要采一些茱萸、菊花等，或结环缠在门口，或插入花瓶，余香经日不散。

重阳节正值菊花开放。菊花以金黄色为主，墨色为贵。若有双枝并蒂则更引赏花人赞叹。菊花簇拥而生，绚烂绽放，千姿百态，令人流连忘返。但是文人雅士喜爱的不仅仅是菊花的娇媚热烈，更爱菊花的刚强气质。深秋时节，万物开始凋零，枝头叶子从绿色变为黄色，秋风一阵，凋落一片，而此时，争奇斗艳的菊花为这灰蒙蒙的秋天增添了艳丽的色彩。清代人赏菊，亦是对春夏青葱的辞别，故而重阳赏菊也被称为“辞青”。

千百年来，时令变迁，各种风尚随着人们的脚步，不断改变，但无论形式变为何种模样，其中的美好祝愿像是一条纽带，联结着古人今人，使这些节日不断传承下去。这是千百年间古人辛勤劳作之余的娱乐，更是他们对未来的祈愿，对收获的满足。

第5章 朔风寒冰不能阻止冬天里的鼎沸

处于农耕时代的清代人，日出而作，日落而息。在春耕、夏耘、秋收、冬藏的四季轮回中，沿袭着祖先的生活智慧，并以此安排自己的饮食起居，形成了独特的民俗文化。

冬至，俗称冬节，是中国古人的一个重要节日。冬至过后将逐渐昼长夜短。这一天，清宫要举行祭神仪式，以报上天恩德。午夜时分，侍卫们就在城郊的天坛处搭建起了祭坛，祭坛旁边竖天灯杆、旌旗等，天微微亮，皇帝率王公大臣前来行礼，沿途中遇庙宇等，却并不鸣钟擂鼓，更不可放鞭炮，以示对苍天恩德的敬慕。

为祈福寒冷冬天赶快过去，也为消磨冬日的寂寥时光，官宦人家有用“九九消寒图”数九迎春的风俗。有文雅之士，在冬至这一天于宣纸上画梅花一枝，梅花花瓣留白，共九九八十一瓣，自冬至后，每天染红一瓣，待到梅花瓣皆沾染红色，则代表冬天已过，春天已来。

也有人用九格画圈来记录冬天，宣纸上绘有九格八十一圈，冬至日开始，每天涂一个圆圈，每个周围圆圈又以上阴下晴，左风右雨雪的规律记录当时的天气变化。

每个节日都有其独特的习俗与吃食，冬至自是不例外。在民间有冬至馄饨夏至面的习俗，究其原因大概是因为馄饨内包馅则犹如天地相接，人世间处于正中一般，故而冬至吃馄饨。

时值冬月，北方已是银装素裹，千里冰封。为让大家在冬季倦怠的身体重新焕发活力，皇帝或富贵人家均要举办冰上游戏的活动。

大家将床移至冰上，是为“冰床”。将参与比赛的人员分为三队，有壮力之人，用肩负其床，速度最快者为胜。

有人据此想到了更好的方法，几位好友坐在床上，由出力者肩负绳索，向前奔跑，速度很快。而冰床上的人一路观赏冬日雪景，有富贵人家，为体现出家财丰厚，甚至会抬出两张床来，有人肩负绳索，用力奔跑。久之这也成了一个生财之道，做肩负冰床的壮实之人越来越多，参与此类活动的人更多，于是逐渐热闹起来。

冬至过后，腊八节也迈出了它的脚步。大约自北宋开始，腊月初八逐渐演变成为佛教节日，究其原因大概是传说佛祖释迦牟尼于此日成道，为延续民俗，更好传播佛教文化。腊八节当日，各个寺院将打开寺门迎接大众，同时也要煮腊八粥。

在民间，腊八粥的熬制很简单，这是主材料和时间的默契配合。主妇从瓮中舀出一勺黄米混合粳米，用井水淘净后，放入滚水中，再继续加入提前泡好的黄豆、黑豆等，一盏茶的工夫，米香顺着锅盖缝隙飘了出来，这时再放入栗子、红枣、花生等坚果果实，灶膛中的火烧得正旺，这时已经不用再添多余的柴火，火焰逐渐变小，但余温还在。这样的小火熬制，才是腊八粥的精妙所在。

宫廷里也要煮腊八粥，但是相比较民间的温情和热闹，宫廷的腊八粥更显得精细许多。御厨挑选颗粒饱满的红豇豆用清水泡发，栗子去皮，红枣去皮后和黄米一起熬煮，整个过程中，要注意火候的控制。大火能将黄米、栗子、红豇豆等香气激发出来，但是等到锅中第二次沸腾时，则需要减柴，此时火太大，粥会变糊。小火慢慢熬煮，御厨时不时要用汤勺搅拌，让粥受热

均匀。待粥煮成略显黏稠状后，停火。然后再放入染红的桃仁、杏仁、瓜子、花生、松子等，佐以红糖、白糖、葡萄干。粥色呈浅红色，点点红色点缀其中，如春日里的少女，甚是好看。

腊八粥以用勺舀，流淌不泻不断，尝之甜度不寡不腻为精品。每年宫中熬好腊八粥后，皇帝会将部分腊八粥赐予臣民，以表示君民共乐。不仅如此，皇帝还要向各个寺庙发放米面、坚果等物，供僧侣、信徒食用。

从民间传说来看，腊八节食腊八粥有崇尚勤俭节约的寓意，人们在这一天，用各类杂货煮制成粥，体味粮食难得，并告诫不可浪费。

在京城最大的喇嘛寺院雍和宫内有一口大铜锅，直径达 2 米，深 1 米，每次煮粥可容数石米，煮成的粥可供数百人食用。为了能让黎民百姓共享皇帝恩赐，刚进腊月，内务府就在皇帝的旨意下，特派官员将煮粥所用的食材和柴火一车车运到雍和宫。

这些食材中除了民间煮腊八粥常用到的江米、黄米、黄豆、花生、大枣外，还有仔细切成晾晒干的羊肉丁和奶油。因为铜锅甚大，需要熬制的粥多，腊月初七就已经生火开始熬制腊八粥。腊八粥一共需要熬六锅，每一锅都需要小米十二石，杂粮、干果各一百斤，干柴一万斤。前三锅需要放入羊肉丁、奶油等全份的配料，并在粥面上点缀红枣、桂圆、核桃仁、葡萄干、蜜枣、瓜子、芝麻、青红丝等，粥熬好后，第一锅供佛，第二锅送进宫，第三锅赏王公大臣和大喇嘛。待熬制剩余三锅时，就无须如此精细，第四锅无羊肉丁和奶油，用来赏文武官员和封寄给各省的地方大吏，第五锅果料可能略微不全，但粥依然黏稠可口，用来分给雍和宫的众喇嘛，到最后一锅时，则将剩余米、豆、果品一应放入锅中，加入大量水后，熬出用来施舍给普通百姓。

除了腊八粥，腊八醋也是当天的一个特色，清代人以为，唯有在腊八节当天腌制的醋有异香，酸甜可口而不刺鼻，也会在醋中放入大蒜、嫩姜等食材，半月之后，大蒜成墨绿色。喝粥或者吃面时，用来做小菜，均有开胃的功效。

喝完腊八粥，皇宫内也要在中正殿做佛事，在中正殿内左侧设一顶黄色圆毡房，皇帝站在毡房前，左右是各位大臣依次而立，众喇嘛在殿下诵读经书，祈福消灾。

过了腊八，新年的脚步就更近了。腊月二十三，清代人称这一天为小年，在这一天，家家祭祀灶王爷。清代人相信在这一天，灶神将升天向玉帝汇报过去一年里人间的祸福。

为了让灶神只言好事，不提人间丑事，人们设神牌，点燃香烛，用麦芽糖做祭品让灶神嘴甜。皇宫的祭灶比民间要复杂得多。

夜幕中，皇帝与皇后二人亲至坤宁宫，皇后先皇帝而入，帝后二人分别坐在炕的两侧，祈求玉帝派贤臣辅佐朝政。随后帝后到佛前、神前、灶前拈香行礼，并焚烧神像，帝后及众人跪礼待火燃尽，返回寝宫，祭祀结束。

荒芜的冬季虽然漫长，平民虽然可能处于储粮不足的恐慌中，但无论百户大族还是平民，人们在冬至、腊八、小年这样的节日里都要犒劳一下自己。越是弥足珍贵的时光，越是需要等待，度过漫长冬天，迎接芳草萋萋的春天，从来都是如此。在朔风寒冰中感受与气温完全相反的鼎沸热情，亦是如此。

第八辑

诗文雅技，共话桑麻

第1章

锦绣传奇，银针细线刺一段锦

大约自汉代起，刺绣就成了古代女子闺中必学的“功课”之一，到了清代，女子学习刺绣之风更甚。

清代女子有出嫁前为自己绣一批绣品做陪嫁的传统，谁家姑娘刺绣做得好，衣衫绣得精致，就代表谁家的姑娘“女德”修得好，必能嫁一户好人家。女子出嫁后，家人的衣物、家中摆设等也都需要自己亲自动手来绣。

据文献记载，早在春秋时期，我国就已出现了刺绣技艺，经过上千年的传承，至清代达到巅峰。

清代刺绣早期继承了明代传统，在绣像上多用几何图案和小型花朵，绣线颜色选择相对和谐，整体绣品风格古朴而典雅。至中期受西方文化影响，绣像花样繁缛，绣线用色艳丽豪放。晚期时则更喜大型缠枝花朵，寓意繁荣昌盛。

即使是清代同一时期的刺绣，也早已形成不同特色的地方体系，在这些地方体系中，以“苏绣”“粤绣”“湘绣”“蜀绣”最有名，合称中国的“四大名绣”。

苏绣指以江苏苏州为中心所生产的刺绣，承袭宋明的传统绣技，绣像上多以花鸟、书法、山水等，加之绣品秀丽典雅，具有江南风景的诗意美。

粤绣，又称广绣，指以广州地区为中心产地的绣品。最大的特点就是布局满，用色富丽而热闹，绣品完成后，丝绸上几乎难见空隙之地，绣像上少了苏绣的写意，多了一些繁茂。清代一些高大的镜屏或挂屏等欣赏品及荷包之类的实用品，常用此种绣法。

湘绣，指以湖南长沙为中心的刺绣品总称。它源于民间，吸收了苏绣和粤绣的精华，到了清代才形成一套属于自身的体系，最擅长表现狮虎等动物，因其劈丝细而胜于发丝，无毛而有绒面的特点，绣出的狮虎栩栩如生。

蜀绣，指以四川成都为中心的一种地方刺绣品。最早关于蜀绣的记载能追溯至西汉。蜀绣讲究针法，构图虚实结合，增强了绣像立体感。蜀绣的绣制品也多为被面、枕套、衣服等。

清代除了四大名绣，其他地方刺绣同样举世闻名，如生产在北京的京绣，山东地区的鲁绣，贵州的苗绣，河南的汴绣，浙江的瓯绣等。

清代刺绣技艺的发展，甚至在文化方面有所体现。清代由丁佩所著的《绣谱》，是有史以来第一本刺绣专书。

而到了清代末期，受西学东渐的思潮影响，沈寿甚至借鉴西方写实的艺术表现手法，创“仿真绣”，针法变幻复杂，绣品立体而写实。

清代刺绣的魅力，不仅在于民间刺绣技法的发展，还和丝线材料发展相关。在有些绣品中，为了能更生动地绣出树干、岩石的层次感，每一处颜色的细微变化都不能敷衍。

一幅优秀的画作会因为用墨的浓淡，产生出不小的差异。而对于一幅绣品而言，细微处的颜色变化，甚至风吹草动，光影掠过树干产生的极细微颜色变幻，都会造成作品层次感的区别。

有些绣娘为了追求这一层次，常常会将丝线捻成更细的丝，再来制作绣品。并非所有的刺绣都用细线才是最好，有些绣像需要用未捻过的丝线才能达到想要的效果，甚至有时一幅绣品的完成，不仅需要绣线，还需要金银线、头发、动物羽毛等。

《红楼梦》中，晴雯补裘衣使的雀金泥，便是用孔雀尾羽捻成的粗线，更不要说为彰显尊贵，使用的金银线等，更是将金箔经过片金、捻金的流程后，才可用至刺绣之上。

中国人自古以来就有一种“图必有意，意必吉祥”的情怀，故而在题材的选择上，更偏重寓意吉祥的图案。而在这方面，苏绣尤甚。

苏绣全盛时期，流派繁多，名手竞绣。刺绣技艺繁荣发展的大环境下，刺绣逐渐从宫廷普及到大众的日常生活中，刺绣的针法也随之有了多种变化，绣线配色上更具巧思，绣工技艺上更为精细。同时绣品上也因为寄托了绣者的祝福之意，绣像图案也常会选择一些多福多寿、福禄双全等吉祥之意。

在这些绣像选择上，可以是托物寓意，如用香兰青竹象征人的品格高洁，牡丹寓意富贵，石榴多子，鸳鸯则代表夫妻琴瑟和鸣等。有些则用谐音表达自己的祝福，如葫芦谐音福禄，金鱼则寓意富贵有余，金鱼和蝙蝠则寓意金玉和福运等。

有时候，绣像的选择也是根据不同季节、时令性等，在季节变换和岁月更替时，凸显浓浓的节日气氛。如清代宫廷在元旦使用大吉葫芦、万年吉庆，清明节用秋千仕女，端午节用五毒（蝎子、蜈蚣、蟾蜍、毒蛇、壁虎）、艾虎（艾枝和老虎），七夕用喜鹊；中秋节用月兔，重阳节用菊花、茱萸等。

另外在不同的时间和场合，对绣像的选择也极为讲究。如在祝贺同僚官运亨通或升迁时，选择“指日高升”“平升三戟”，在祝寿时则多用“富贵长寿”“松鹤延年”“福山寿海”，婚庆时则要用“鸳鸯戏水”“喜上眉梢”“莲生贵子”，开业等其他喜庆时则送上“大吉大利”“红运当头”等。

如民间刺绣“玉堂富贵寿屏”，这幅绣品一共为十二条屏，在石青色缎地上，利用平针、套针、戗针、接针、打籽针、钉线针、扎针、活毛套针、松针、滚针、鸡毛针、网绣等实际中针法，利用二十几种色线，精细绣出玉兰、海棠、牡丹、茶花、灵芝、竹子、萱草以及仙鹤、锦雉、山雀等珍禽。因为用色自然独到，绣工精细，绣像种类繁多，虽各有不同寓意，同样在当时名声大噪。

还有为祝寿而绣制的“花鸟纹组合寿字”，同样选择用齐针、缠针、戗针、套针、打籽针等绣牡丹花，组成一“寿”字。红花绿叶，色彩强烈，针脚细密，光彩夺目。

“深红缎彩绣富贵长寿纹桌面”，整幅绣品中不仅包含了山雀、松树、梅树、山石、海水等纹样，四角也饰以山雀和花草，整体效果富丽火热。

这些带有吉祥图案的绣品，不仅仅是送出的一种装饰和礼物，更包含着送礼物之人祈求富贵安康的人生理想和祝愿。

如果说中国刺绣的顶峰在清代，那么清代刺绣的顶峰则在宫廷。

与民间刺绣相比，宫廷刺绣在色彩搭配上更为艳丽华贵，绣像选择上也多以寓意华贵的牡丹、龙凤等为主，在构图上宫廷刺绣则更为严谨，它和民间刺绣交相辉映。

其实，清代宫廷御用的刺绣品，大部分均由宫中造办处如意馆的画人绘制花样，经批核后再发送江南织造管辖的三个织绣作坊，照样绣制，绣品极其工整精美。若遇大事件，则刺绣品的准备上更为烦琐。

清光绪十五年（1889 年）皇帝大婚，皇帝与皇后所穿的“龙凤同合袍”则在一年半前就已开始准备。无论从衣服的纹样设计还是制作工艺上而言，它的制作流程都可以称得上最为繁复的。

“龙凤同合袍”又称“五彩云蝠鹤八团龙凤纹袍”，绣娘在准备这件吉福袍时，采取二至五色间晕与退晕相结合的装饰方法，在大红色江绸地上，运用平针、平金、戗针、套针、钉线等针法，彩绣八团金龙凤双喜字等纹样。因其构图丰富，绣工精细，用色饱满艳丽，整件衣服完成后，无一处不衬托出光绪帝大婚时的喜庆与热烈。

皇帝的龙袍则以明黄缎子为底，分别在袍上绣出“日纹”和“月纹”。随后再在红色日纹上用戗针、网绣等方法绣出三足鸟。而在月纹上，则用浅黄色绣出月亮，中立玉兔捣药，环以桂树山石，与龙纹的盘金绣相得益彰。

锦绣传奇，银针细线刺一段锦。刺绣是我国古老的民族艺术，无论在宫廷还是民间，都留有它深深的烙印。绣线虽细，却一针一眼，刺出我国的绚烂瑰宝。

第2章

临池研墨，街巷遍练书法

现代人把毛笔字当成一项专业技艺。但在古代，写字实在是一件极其日常的事情，对清代人来说亦是如此。

“学好文武艺，卖与帝王家”，清代的学子若想将寒窗十余载辛苦得来的学识卖给帝王家，必然要经过一道门槛——科举考试。

考官在看考生的卷子时，第一眼看的并不是学子腹内的文墨多寡，而是试卷上考生的字。清代人相信“字若其人”的说法，字写得疏朗，其人性格必然豁达；若下笔随意，其人骨子里也多是放荡不羁。

书法就仿佛是人的气质一样，属于人的一种精神境界。清代书法家杨守敬在评论书法家时曾言：“一要人品高，品高则下笔妍雅，不落尘俗；一要学问富，胸罗万有，书卷之气，自然溢于行间。”

唐代为了保证科举考试的公正性，防止有考生借书法、字迹的不同，串通考官作弊，于是创立了“誊录”之法。考试结束后，考生的试卷将由专人重新抄录后再行审阅。此法为之后历代科举所沿用。

王士祯尝有断语“本朝状元必选书法之优者”，士子们必定要钻研一番皇帝们的喜好，以便投其所好。否则，纵使文章再锦绣华彩，但字体却混乱不堪，自然不会入考官法眼。

顺治帝偏爱欧阳询的字体，而壬辰状元邹忠倚、戊戌状元孙承恩都是擅长欧体的考生。康熙以来，皇上喜欢二王书法，而己未状元归允肃、壬戌状元蔡升元、庚辰状元汪绎皆学习《黄庭经》《乐毅论》的书法。最爱到处留墨迹的乾隆皇帝是殿试上最注重书法的，所评定的状元，书法都是自己最擅长的“黑、光、匀”，导致陈康祺颇有微词地表示“乾隆朝已重字不重文”。

在这样极度功利的目的驱使下，清代士子们临池研墨，追求书法上的更高造诣实在是很平常的一件事情。

还有一部分文人雅士，他们虽对待书法有同样的狂热态度，但目的却并不是为了讨上位者的喜爱。古人认为在练习书法的过程中，能追求内心的一片宁静。心中所思所想，均能在书法上体现出来。所以，对有更高追求的文人而言，临池研墨是陶冶性情的一种绝佳方式。

清代的书法经历过三个阶段，前期延续晚明的行草书风，中期传统书风盛行，及至晚期，篆隶初兴。

作为清代初期行草书法艺术典型代表的王铎，他生于明万历二十年（1592 年），本是明天启二年（1622 年）进士，又曾官至南京礼部尚书，降清之前任南明小朝廷的东阁大学士。经历了改朝换代的伤痛之后，他对晚明时期的行草书风有了更切身的体会。

王铎自幼受颜柳两家影响，并不追求书法结构的工稳，反而独取前人生拗古拙的一面，加之他在行文写作中，为了追求历史感和古拙拗峭，有意无意中会掺入大量的异体字、古体字。他虽然推重古典，强调“宗晋”，并认为“书未宗晋，终入野道”。但在书法艺术创作中，在前人的书风上，又渗透了自己的感悟，对前明的行草书风进行了二次创造。

王铎的书法精到，很大原因源于他自身的意境。有一年的清明时节，已经任职太子少保的王铎携王府众人在京城郊外踏青，一行人最终在城外的一座山脚下停下来。此处临山靠水，不远处有一座小亭，亭内无人。站在亭内环顾四周，溪水潺潺，垂柳袅袅。

但一阵刺耳的嘲笑声打破了这片宁静，山脚下又来一队马车，车上挂着“崔”字样，正是当下京城内的新贵。这行人见到王铎后并不行礼，又见其在亭内研墨写字，便放声嘲讽：“明明是前朝遗老，踩着明朝覆亡的废墟，却享受着我们大清的富贵。”

王铎的手下人听此言，愤愤不平，正待发作，王铎却放声大笑，挥手就是一行草书：“惠风和畅”。其字点画与使转兼重，顿挫转折。点画粗者，重似千钧；细者既如游丝，也筋力坚韧。虽只是简单四个字，却蜿蜒如巨龙腾飞纸上，有气贯长虹之势。

其他人见其书法，便知其人胸豁气畅，并非谄媚取官之人，而对他的误解自然也就烟消云散。

康熙时期，因皇帝酷爱董其昌的书法，受此影响，传统行草书风得以延续，整个清朝前期的朝廷官员书法，多数都受董、赵书风的笼罩。

当时水平比较高的书法家如沈荃、孙岳颁、查昇等，其书法同样受董其昌风格影响，但因为学力或性情的限制，未能充分发挥董其昌书法风格中的清雅俊逸，或者过于死板拘谨，或者过于软弱无力，或者气息忽急忽慢。尤其在创造性上，一味地模仿，反而不如王铎、朱耷等人，敢于在前人的基础上加上自己的理解，最终也没有开辟新境。

乾隆、嘉庆前后，董其昌的书法影响逐渐变弱，篆隶书法开始复兴。如以刘墉、翁方纲、梁同书、王文治为首的“清四家”，他们在书法上，虽然由董其昌入手，但在对古人行书深入研究后，向宋、唐、晋的大师们取法。

刘墉的书法由董其昌入手，而后遍临晋唐宋诸家，尤得力于苏东坡、颜真卿和晋唐小楷，融会贯通，自成格局。整体风格貌端穆而气清和，有硕儒老臣的持重，无恃才傲物的轻佻。章法错落，清朗雍容。

刘墉擅长用浓墨，故而有“浓墨宰相”这一称谓。有一种说法，因刘墉在研墨时总会不停地思考，等到再次醒神时，墨已变浓。也有人说他爱用浓墨只因其所奏之事均是不平之事。而浓墨能敛其书法内的精气，含蓄蕴藉，似乎包有万象而莫测高深。

而因事被黜的王文治，喜用淡墨，与刘墉恰成对照，故时称他“淡墨探花”。他的书法虽出于董其昌，却可上溯米芾。用笔翩翩，纵横挥洒，疏朗俊逸。

嘉庆、道光前后，阮元、包世臣倡兴碑学，秦汉北碑传统开始在书法上盛行。

曾任同治、光绪两朝帝师的翁同龢，其书法取自翁方纲，上溯颜真卿、米芾。其作品点折转变中，气息淳厚，堂宇广博，是晚清帖派书家的典范。

康有为是碑学理论的健将，虽然他的理论因常有偏激，被世人诟病。但不可否认，自幼接受过严格传统书法训练的他无意中形成了碑帖融合的面目。故而，他的书作中，既有北碑的肆意乖张，篆隶书法的淳厚古朴，又有行草书的酣畅灵动。他在篆隶北碑与传统行草中各取所长，并融会贯通，最终形成了自己独特的书法风格。

这些人将他们的丰富的学识阅历，长期积累的涵养，透过笔墨，溢于纸上，胸中的浩然正气也化作书卷气藏在书法之中。无论是为了考取功名，想用一手好字博取上位者的喜欢，还是希望能透过这墨色艺术，淋漓尽致抒发自我情感，习得一手好字，都是很有必要的。

岁月变迁，后来随着西方文化的涌入，书法也曾经一度受到过强烈的冲击，经受了风雨的考验。

直到现在，大家普遍开始用签字笔、敲击键盘来记录一些情感和事项，宣纸、墨锭也少在常人家出现。曾经临池研墨的现象也一去不回，我们也只能通过留存的墨宝，窥探墨色生香的年代。

第3章

曲艺、评书，茶余饭后的消遣

清代的曲艺形式十分丰富，南方评话、北方弹词说书的形式，莲花落、什不闲半说半唱的形式，还有以说学技艺为主的隔壁戏、时调小曲、牌子曲的多种唱曲形式，或者富有地方特色的木鱼歌、二人转、山东快书，还有少数民族风格的八角鼓、太平鼓、子弟书、念说等。

京城作为国都，曲艺人从全国各地聚集到这里，要让家乡的传承在这座城里扎下根。

京城的月明楼是当时最大的一家茶馆之一，每日下午的固定时间里，有专门的说书先生、杂耍艺人在那里登台弹唱。台下挤满了恭候已久的看客。名角刚刚从厚帘子背后出来，未张嘴启声，就已经欢声雷动。更不要说戏入佳境时，整个台下观者大声呼喊，整个戏园子里好不热闹。

这些看客中不乏一些行家，他们口味老到，对音色、腔调、情感的起承转合都极为敏锐，艺人的声名毁誉常常就在他们的品评之中。

一些大牌名角也都是从他们在茶馆说书过程中被挖掘的，例如满族艺人双厚坪，他的评书开场诙谐幽默，几句话之间包袱迭出，名贯艺坛。

从宫廷到民间，清人钟情于趁着闲暇到戏园、茶馆里听一出折子戏。台上的演艺从说书、唱曲外还有布偶戏、杂艺、大鼓、杂耍把式、影戏等，内容丰富庞杂。

对于会享受的京城人而言，听戏有时不仅是一种消遣，还是一种社交文化。《国闻备乘》中说，当时“正阳门外戏园七所，园各容千余人。以七园计，舍业以嬉者，日不下万人”。听戏俨然成了清代京城里的风尚。

扬州自古多文人，扬州文人爱玩，会玩，他们不仅要玩得尽兴，还要玩得雅致而不落俗套。茶余饭后扬州人爱扎到茶馆中，慢品一盏茶，然后点一出传奇评话。

乾隆年间，扬州秀才叶霜林再一次应考举人不中，这一次的金榜落第，成了压垮他的最后一根稻草。对科举考试不再抱希望的叶霜林收拾好行囊，离家远行。

当时的扬州人极少有人能想到，当他再一次出现在大家面前时，那个屡考不中的秀才将带着扬州流传千年的瑰宝艺术——扬州评话，璀璨回归。

清代的南方评话主要分为扬州评话、苏州评话两个流派。叶霜林虽然半途改道学习苏州评话，但他的风格还是以扬州评话为主。

每逢叶霜林登台讲述古人逸事，台下观众必然感慨不已，他们的心跳和思维早已紧随台上的叶霜林，看他每一个不算夸张却形象生动的肢体动作，每一声饱含无奈的叹息，还有那被现实击败的不甘怅惘。

有人曾戏言，听一次叶霜林的评话，需要半月时间才能让内心再次平复。

清代的评话内容很广，叶霜林当然也并非总是说一些历史逸事，为了保持观众的好奇心，他也会说一些《三国》《水浒》之类的英雄事迹和历史战争，或者是一些充满神秘和香艳气息的市井俗事，诡异却浪漫的灵怪爱情故事等，偶尔还会说几段历史上的公案，江湖侠士、才子佳人、清官侠客等形象在评话里占了越来越大的比重。

扬州评话终于还是从教化这一层面，逐渐变成了供人茶余饭后消遣的娱乐。

除了扬州评话、苏州评话、北方评书外，清代等说书类的曲艺形式还有苏州弹词、扬州弹词、北方弹词等。

人们常将评话称之为大书，而弹词称之为小书。东迄上海，西至常州，北起常熟，南到杭州，清代的弹词早已活跃于长江三角洲地区。无论是寺观还是茶坊，只要拨动弹弦拍下醒木，台下瞬间就会聚满观众。

如果说评话是表演者用饱含感情的语言和少量的肢体动作来给观众重现

历史场景的话，那么弹词则更像是几个温婉的南方佳人，怀抱琵琶，吴侬软语，几句唱词就唱出了大家的满腹情丝。

王周士曾用《书品十四则》《书忌十四则》形象概括出苏州弹词对表演者的种种要求。

如《书品十四则》称，苏州弹词要“快而不乱，慢而不断。放而不宽，收而不短。冷而不颤，热而不汗。高而不喧，低而不闪。明而不暗，哑而不干。急而不喘，新而不窜。闻而不倦，贫而不谄”。

《书忌十四则》则相对指出，弹词忌“乐而不欢，哀而不怨。哭而不惨，苦而不酸。接而不贯，板而不换。指而不看，望而不远。评而不判，羞而不敢。学而不愿，束而不展。坐而不安，惜而不拼”。

其分别从弹词的韵律和含义里定义，好的弹词不仅韵律优美，在言辞上还要肩负起家国责任，具有场景性。

扬州城里正在热闹着一场世俗传奇评话，而在北方京城之内，另一种口技艺术非常盛行。

清代人将现代人的口技称为“隔壁戏”，台上一张八仙桌，桌子周围用布幔全部围着，桌下一人藏在其中，桌上只摆放一把扇子，一块儿木板。表演者用一张口，模仿出世间各种动物或者人物的声音，观众只闻其声，便仿若能看到实景一般。

“百鸟张”是清代口技艺术的集大成者，传说他一张口能模仿上百种动物的声音，并且为了表演的整体性和趣味性，百鸟张还将口技和故事融为一体。

如《合家欢乐》中，百鸟张一人就模仿出男女老幼不同情境下的声音，还伴有鸡鸣狗吠、推水、遇叫驴、小孩儿哭闹、小夫妻打情骂俏的娇羞等。

有时百鸟张也会把口技和笑话掺在一起表演，一张口，几种声音，就能逗得观众捧腹大笑。

“唱什不闲的不害羞，挑着担子满街遛；南京收了南京去，北京收了北京游；南北二京通不收，黄河两岸度春秋。”这是北京流行的“什不闲”的一段开场曲。

清代之前的莲花落主要流传在民间，是当时盲人为了乞讨而创作的说唱艺术。莲花落的内容主要是一些劝世文，劝说人们弃恶扬善。

但是到了清代，八旗子弟把莲花落和什不闲相结合，变成了一种新形式的说唱艺术。这种什不闲莲花落后来还和民歌小曲、东北大秧歌、陕北民歌等相结合，逐渐发展出各种地方特色。如绍兴莲花落、江西莲花落、东北莲花落等。

莲花落这种说唱艺术，因内容简单易懂，哼唱的曲调极其富有节奏感，很快就传遍全国各地。清代后期，一些茶馆中的说书人也会将莲花落的内容加以修改，文字中更多了一些时下热点或者趣味横生的段子，同样吸引着茶客驻足。

广东有一种木鱼歌，是结合当地民谣之后的一种说唱艺术，木鱼歌大多随编随唱，说唱久了，人们把自己会的木鱼歌抄写下来，最后定下稿本，形成了木鱼书。

木鱼书可以阅读、朗诵，也可吟唱。木鱼书的说唱不受环境、位置、乐器的影响，哪怕只是黄口小儿，只要识字就能说唱。若是手边有琵琶、三弦琴、二胡等乐器，可以伴奏，若是没有乐器在手，捡两块儿石头有节奏地敲击，敲击出的声音仿佛寺院中的木鱼声。而那些低低的吟唱或是平淡疏朗的朗诵则仿佛能抚平内心的躁动，木鱼歌也因此得名。

在东北，二人转极负盛名，两人在土台子上蹦跳唱词，用直白而诙谐的语言，说唱出百姓生活中最常见的一些现象，有时也会故意夸张生活中的窘态，用自嘲等形式博得观众一笑。

东北二人转最初是群众自娱性的一种活动，它从莲花落中吸取了大量的经验，丰富完善自身后，逐渐开始成熟和专业化。

除了说唱曲艺，清代各地还流行各种大鼓和民间曲调相结合。如西河大鼓、沧州木板大鼓、保定木板大鼓、山东梨花大鼓等。这种说唱形式将弦、鼓、说唱三者结合起来，用极其富有节奏的唱段，用白描的手法，世人争相模仿。

至清末民初，各地大鼓层出不穷，如京韵大鼓、梅花大鼓、东北大鼓、胶东大鼓、安徽大鼓、河洛大鼓、江西大鼓、唐山大鼓、京东大鼓等等，形成蔚为壮观的鼓曲艺术家族。

在满族中流传的八角鼓、太平鼓、子弟书，经过当地文人加工，词牌更加典雅疏朗。

清代的曲艺恰逢历史变化的转折处，有些曲艺经过历代变革，延续千年流传了下来，例如苏州评话、苏州弹词、北方说书、鼓书等，而有一些曲艺则因为社会、政治、艺术等多方面影响，在清代之后逐渐消亡，如子弟书、马头调、隔壁戏等。

虽然清代已经离我们越来越远，但是曾经流传甚广的这些曲艺、评书、鼓乐等，在历经历史岁月之后，依然代代流传。

第4章
舞乐，灯火鼓乐透出的喜乐优雅

谷雨刚过，河北乡间田垄里传来一阵鼓乐声，远远看过去，有三五人站在田间地头，手持鼓槌，敲击出一段鼓乐。身前是八九人，手拿扇子、鱼竿、鱼篓、锄头、擀面杖等物，扮成渔、耕、樵、读，随着鼓乐节奏时快时慢地前进，队伍最前面的人打一把伞，寓意着祈求雨顺，而另一位打扇子则有祈求风调的意味。

这几个人扭的是清代民间流传最广的秧歌。谷雨刚过，种子也刚播种到农田里，大家趁着农闲时间扭一段秧歌，表达对未来丰收的期盼。

各地的秧歌在风格上略有不同，其中以陕北的秧歌最为豪迈疏朗，山东的刚柔并济，河北的风流俊朗，东北的风风火火。虽各地秧歌风格迥异，但都是清代人表达自己内心情感的一种方式。

和秧歌一年四季随时都可以舞蹈不同，太平鼓却只有在新年或者正月里的时候才能表演。每年正月里的时候，落日刚过，清代的汉人会聚集在一起，其中一位童子面向西边捶响了手里的鼓。

太平鼓的特点正在于这个鼓上，太平鼓是以铁为鼓圈，以木头为鼓槌，鼓槌上会有一个小铁环，敲击太平鼓时，用铁环撞击鼓面，铁面铁环发出嘭嘭的声音。表演太平鼓的人多为儿童和妇女，清代的太平鼓大多是为了请神娱神，于是在清代某些地区，太平鼓又叫太平神鼓。

同样的正月元宵节前后，安徽却有一种不同于太平鼓的热闹，这就是灯舞。新年虽然刚刚过去，但是安徽的街头上依然到处都是红色的剪纸、绸缎，一种热烈而美好的气氛萦绕在安徽街头。

元宵前一天，夜幕降临，明月皎洁。远远地从街头的另一端出现了一队彩女。彩女共十二人，每个人手里都提着一个花篮，花篮中放着一支用绛纱罩住的烛灯，这些彩女边走边唱“十二月采茶”，一词一句中裹满了茶农的艰辛和劳碌，但这些彩女的表情却是神采飞扬，用另一种方式说出了茶农对生活的热爱。

清代还有一种高跷舞，同样是各种节日用来请神所表演的舞蹈。高跷舞的流传并没有秧歌那么广。这大概是因为秧歌简单易学，只要心情愉悦，伴随着鼓声，随意挥舞双手，双脚前后移动即可，而高跷舞则是多了一点杂技性的表演。

清代的高跷舞在宋代的舞蹈基础上，又增加了一点时代特色。清代的高跷分为文武两种。文则是指这类高跷比较具有观赏性，舞姿优美而灵动，而武则代表高跷舞蹈具有更高的特技性。

元宵节后，河南街头盛行一种文高跷舞。舞者疾走奔跑，表演着一段剑舞。

舞者脚下的高跷有三四尺长，舞者的脸上画了丑公子、农夫农妇的样子，当鼓乐响起，舞者们就在那木棍上站立，舞动双手和腰肢，偶尔还会故意摆出几个看似危险的动作，引得周围观众欢呼声不断。

剑舞结束后，高跷舞者在别人的帮助下，稍作休息。此时有几人抬了一个阁楼模样的台子，来人把台子放在道路中央，随后有几位扮成雷公、观音、佛祖等形象的儿童，一起站在台阁上，演出一段趣味横生的人物故事。

在清代民间，还有一种舞蹈同样有文武之分，那就是舞狮。其实早在三国时代，就已经有了表演舞狮的人，后来逐渐发展成舞狮。清代舞狮用的狮子用羊毛装饰，几个人披着狮子皮，然后围着滚球跳舞。

街头上为了舞蹈的观赏性，有时会在同一段舞狮中，有两只狮子，分别是文狮和武狮。当音乐响起，有一人扮成武士模样，手持彩球不停地在两只狮子前上下左右舞动，引逗狮子用嘴去叼彩球。

几个回合中文狮时不时打滚、抖毛、搔痒、舐毛，诙谐有趣的动作将一只少年狮子的活泼可爱表现得淋漓尽致。

而武士在逗弄了一阵文狮之后，将彩球高高抛到空中，这时队伍中的另一只武狮子展现出它的威武矫健，一个登高跳跃，就将彩球叼到了嘴里，接着做出腾转、翻滚、跌扑等动作。

舞龙出现在千百年前，到了清代，舞龙的技艺水平就很高了。京城街集庙会时常有舞龙，天光稍暗时，有几人抱着龙灯出来，因为这一场庙会比较大，街上的人也比较多，舞龙用的大龙灯，龙身足足有 11 节，每节下有一人手持木棍撑起龙身，另有一人手持彩绸扎成的宝珠，在龙头面前起舞。

龙身的骨架中有一些灯烛，为了提高观赏性，大家会把灯烛点亮，布龙就变成了灯龙。随着持宝珠人上下翻飞，舞龙人也相互配合，变换前后顺序，或起或立，或跳或扑，中间不断模仿龙和鱼的各种形态，一条用布和竹制骨架做的龙，竟在舞龙人手中变活。

灯龙向上飞腾时，就像是龙吟青天，盘旋时又如龙潜海底，加上周围鼓乐声声恰似雷鸣，龙身因快速舞动裹挟着风声，呼呼作响，竟让周围看客觉得真有青龙在头顶盘旋呼啸。

这个时期，除了灯龙和布龙，还有一些地区会用稻草和柳枝扎成草龙，或用荷花、蝴蝶、蜻蜓等花灯做成百叶龙，或者在草龙上插满香火，做成寓意祈福的香火龙。

舞龙和舞狮在清代大多还是出现在庙会或者祭祀之上，大概是缘由狮子与龙的美好象征，清代人更喜欢在祈福时，舞动狮子和龙。

清代民间还有霸王鞭、扇舞、面具舞等。霸王鞭其实并不是真正的鞭子，而是两头装有一串铜钱的竹棍，表演者手持竹棍上下左右舞动，并有节奏地敲击自己的四肢、肩背等，声音铮铮，偶尔有些表演者擅歌，还会在舞动竹棍时，随着节奏哼唱，同样引得众人围观。

扇舞早已成了清代歌舞伎的特殊技艺，在她们手中，无论是折扇还是团扇，早已不再是为了祛暑，扇子或展或收，娇颜或露或遮，一双美目随手中扇子满场翻飞，乱了一城文人雅士的眼。

面具舞起源于周代，流传至清代的时候，已经少了诡谲神异的迷信色彩，更增添了一些世俗化的戏剧性，表演者戴着面具不再是为了祈神，而是为了讨钱。

虽然自清朝建立之后，满族的舞蹈就开始进入宫廷，但满族的舞蹈更多情况下会用于祭祀等活动，萨满头戴神帽，腰上系着铃铛，一手拿皮鼓。舞蹈开始，萨满一手击鼓，扭晃身体，铃声、鼓声立时响起，周围也会有鼓手不断敲击手鼓和架鼓，节奏强弱快慢随着萨满的动作而变化。

舞到高潮时刻，萨满会念诵祝文，身体摇晃得更为剧烈，仿佛神明将至，祝文越念越急，鼓声铃声越急，萨满舞动越快。等到最后萨满停下来，人们慌忙献上祭品，祭祀方才结束。

清代民间舞蹈源远流长，它们已经深深扎根在人民的生活之中，无论是为了缅怀历史、祭祀祖先、祈神祝福，还是为了祛除灾祸、宣泄痛苦、歌唱爱情、赞颂英雄，都是一种慰藉、鼓舞，也是对美的追求。

它们虽然历经历史长河的冲刷，饱受朝代变迁的无奈，但依然保存了下来，而后代代相传，代代更新。

第5章
剪纸、年画，新年里的古拙喜庆

为庆贺新年，在墙上、门上贴年画这种习俗，可以追溯到很早。年画作为一种特有的民间美术形式，在随着历朝历代发展的同时，也保留了古代造型艺术的某些风范。

贴年画最早源于古代以门神驱邪的风俗，是民间岁时守护信仰的一种表现方式。

春耕夏种秋收冬藏，勤劳的人们一年四季中，唯有冬季才能偷来几分闲适。进入冬月之后，清朝的人们就开始为新年做准备了，早早地储存好新年的蔬菜肉食，扯上几尺新布给一家老小做几套新衣服，忙忙碌碌，日子很快就到了腊月，喝了腊八粥，老百姓的日子就过得规律起来，腊月二十三过了小年，家家户户开始打扫庭院。

勤劳的妇人忙着打扫屋子，从桌角到地面，从针线筐到炭笼，屋子里的每一个角落都务必要打扫干净。

家里的男人们也趁着不出去干活的时间，把房顶上的旧瓦换成新瓦，门前破旧的石雕换成新的，里里外外收拾好后，就要开始贴年画了。

贴年画是清代小儿最喜欢做的事情，清代的年画大多是一些老百姓喜闻乐见的朴素题材，大多包含了祈福求祥、避祸驱邪的内容。

清代是民间年画创作的最高峰，年画的生产几乎遍及大江南北，年画的内容自然也异常丰富，除了倡导民间传统美德的内容之外，还有类似《庄稼忙》《夏禾》《池塘乐》这类表现四季美景和《太平鼓图》《喜鹊登枝》《福寿双全》《黄金万两》此类包含人民美好寓意的年画。

在清代，广东的佛山、福建的泉州、四川的绵竹、河北的武强、陕西的凤翔、苏州的桃花坞、天津的杨柳青，都是当时有名的年画产地。

民间各省的画师、工匠、艺人齐聚在这几处，在传统年画的基础上，又发展出属于自己的独特风格，逐渐都自成体系，最终成了风格各异的年画品类，满足了民众的广泛需求。

清代通俗文学的风行，诸如众人耳熟能详的历史故事、戏文传奇、小说故事、时事风俗等，都为年画的创作提供了大量素材。

康熙末年，发生在宫廷内的一件事情，也逐渐影响着年画的发展。

传教士郎世宁采用西式画法作画，每一幅画虽然用时很短，但却用最简单的线条勾勒出了人物特征，不过须臾，一张简笔画就跃然纸上。康熙帝对这种画法很是新奇，于是便召郎世宁入宫，为自己及皇宫内各院妃嫔作画。

随着郎世宁将这借用了明暗透视技法的绘画艺术展示在众人面前，民间的一些画坊也竞相模仿，最后发展到年画上，某些地区的年画在原有的基础上，根据西式画法略作调整，从而产生了一种新式年画。甚至几年后，福建泉州、广东佛山等通商口岸，每年也都会有大批的年画出口到东南亚一带。

乾隆末年，各地戏班纷纷涌入京城，因其来自全国各地，所擅长的曲目及故事各不相同，戏班艺人们的装扮也千差万别。也许正是因为这种区别，年画这种艺术也受之影响，大量戏曲题材的年画作品在民间流行，因其画面色彩艳丽，内容极具艺术美感，一经面世，就深受众人喜爱。

尤其岁末，若是谁家店铺内提前开始供应此类年画，势必被人哄抢一空，后来年画也在此基础上，开始有了其他的发展，如用连续几幅年画来表达一些简单故事等。于是有些人家通常会买来几幅年画，从门板到院墙，逐次贴上。

及至晚清时期，西方列强以武力叩关，整个国家陷入水深火热之中，民族陷入苦难的深渊，此时则集中涌现出一批以反侵略的爱国思想为特征的，富有时代气息的年画作品。

总之，年画以其不同于宫廷画、文人画所特有的构图方式，用炫目的色彩和浓重的笔墨，勾勒出明快艳丽的艺术形象，逐渐融入民族的精神之中，久盛不衰。

清代民间另一种影响较广的民间艺术就是剪纸。剪纸又称刻纸、纸彩。

剪纸作为清代民间的一种艺术创造，因其内容质朴，集中反映百姓日常生活等原因，深受大众的喜爱。

在清代某些地方，剪纸甚至会作为女红的一项内容而存在。在这些地方，女孩不仅要学习刺绣，还要学会剪纸。一把小剪子，一块儿彩纸，几番折叠，剪子上下飞舞，多余的纸张似落叶般从高空飘落，手中的彩纸被展开，原本四四方方的彩纸，半盏茶的工夫就变成了一个彩色蝴蝶，甚至连蝴蝶纤细的触角都生动地表现出来，仿佛一伸手，整个蝴蝶就要飞出去了。

剪纸艺术起源于商代，那时候民间的匠人在制作一些工艺品时，发明了镂刻，于是一件件被雕有镂空花纹的工艺品面世，随后又有人发觉这类雕刻艺术同样能在纸上进行，剪纸的雏形就此产生。

到了宋代，民间开始出现专门做剪纸的艺人，民间的剪纸就此仿佛被春风吹过的杨柳，开始迅猛发展。

随着剪纸艺术的逐渐发展，剪纸的花样也日益丰富起来，不再是单调的“双喜”或者“富贵花开”“小儿捧鲤”等花样，某些或直观或暗含各类吉祥寓意的剪纸图案，逐渐也开始被人熟知。

临近年关，姑娘们正借着窗外的余光，认真地在剪纸，家中父母兄长都有事情要做，女孩子的工作就是——剪纸。

纸为五彩，分别被剪成“诸事如意”“鱼跃龙门”“蟾宫折桂”等字样，也有些牡丹、元宝、金鱼等常见之物。

剪纸完成后，家中的兄长会把这些剪纸分门别类带到集市上去卖，因为新年就要到了，剪纸颇有市场，不少无暇做这些事情的人家，或多或少都会买上一些做装饰。

也有些剪纸会被作为挂钱售卖，这类剪纸大多是一些吉祥语，剪纸用一根绳穿在一起，买回家后，直接将它绑在一根几尺长的木棍上，然后把木棍竖在门前，门板上是有驱邪避祸的桃符，门两侧是满串吉祥语，新年就这样悄然而至。

一些商铺也为了烘托气氛，希冀新年财运亨通，也会把黄纸剪成各类吉祥语和吉祥画。

清代之初，剪纸的流行主要是在民间，一些富贵或官宦人家，门上多贴条幅，但并不会用剪纸装饰，他们的院子里多用一些红色灯笼、绸布等做装饰。

但到了清代中期，民间出现了不少专业性的剪纸艺人，其技艺精巧，作品多样，栩栩如生，深受众人喜爱。随着商品经济的发展，剪纸艺术逐渐开始流入皇宫。

不仅是新年，某些重大的节日庆典，皇宫内也会用剪纸做装饰。例如皇帝大婚时，坤宁宫作为皇帝的新房，室内墙壁四角贴着金色的双喜字剪纸角花，抬头一望，顶棚处有龙凤双喜团花的剪纸造型，宫殿两旁走廊的墙壁上也有各种花样剪纸，双目可及，均已被剪纸装饰一新。

不得不承认，剪纸虽然只是一门技艺极其简单的艺术，但却因自身古拙、喜庆等特点，遍及百姓之家及帝王宫室，传播力可见一斑。

第九辑

漫游乾坤，风尚天下

第1章 旅行并不是说走就走那么简单

在清代，旅行这件事并不是那么简单，人们从一个地方到另一个地方，路程遥远，交通不便，天气恶劣，路遇劫匪，露宿山中……问题层出不穷。

一般情况下，清代人出门旅行分为游学与游历、贬官与流放、赶考、做生意、探亲、欣赏壮丽河山等这样几种情况。

在清代，贬官是一件司空见惯的事情，权力斗争的失败者，被从权力中心驱逐到边境苦寒之地，上千里的流放路途，一场被迫“说走就走的旅行”，成了某些人生命的蜕变。

赶考的学子秉承“读万卷书不如行万里路”的原则，在科举考试前一年就出发了，这一路的人生百态可以为他之后的科举考试，提供诸多生活素材。

而对于商人而言，南货北卖才能牟利，所以购入某一区域的特产，并将之运到国家的另一边，成了牟利的关键。于是，这些商人长年累月走在路上，成了旅途中的行者。

对于一般的街头小贩而言，出门行旅，大部分都是为生活所迫，所以，基本上比较崇尚快、俭、早。

清代人出行秉承行李“宁多毋少”的原则，恨不得将全部家当都用绳子捆好，用布包好，带在身边才放心。

这样做的原因，一是因为清代交通并不方便，有时候出行时间甚至会长达数年，而若是在他乡有了其他的际遇，要在别处置业，也只需要安稳后派人回去处理祖宅就好。二是沿途客栈、民宿内，许多东西并不能准备齐全，一些生活用品、床上用品、蜡烛、茶叶、棋子、折叠棋盘、笔墨纸砚、茶盏、刀子等，都需要自己准备。

在行李之中，清代人还会准备好有芳香开窍、除秽杀虫功效的熟艾、大黄、芒硝、甘草、干姜、蜀椒这类物品。

清代旅行，道路难行是最大的一个问题。清代人出行，若是能走水路，就算需要绕远也在所不惜。

清代陆路并不算平整，有些郊外地面坑坑洼洼，坐车颠簸不算，甚至还有翻山越岭的危险。沿途若是有密林，还要担心里面万一藏着劫匪。所以还是水路要惬意许多，清代大运河连接南北，一些能撑船的河道里，时常也会有专人驾船。

但是水路也有水路的烦恼，有时候因为天气变化，河水湍急，水流方向发生变化等原因，出行的速度就会受到影响。

北方多平原，虽然没有蜀中那样的崎岖山路，也很少会有崇山峻岭阻隔，沿途多是一望无际的平原，道路平顺，但每到春秋季，这里时常大风肆虐，黄沙满天。

地理环境的影响下，这里的人们出行，大多选择乘车。说到车也有许多种，普通人家出行多数是乘坐驴车，而富户则选择乘坐骡车、轿子。也有些人外出经商或是搬家、远行，所带物品比较多，驴车装不下，于是就只能赶马车。马车虽然速度快一些，但舒适性要差许多。

有些地方经济并不算富足，轿子也并不常见，于是有些百姓在各节日出门拜访亲友时，会选择用布帐围住马车，代替轿子使用。即使是这样，有时在路上也会突遇大风，一件黑色外袍，大风刮过之后也就成了灰色，整个人都狼狈不堪。

于是有些富户巨贾或者官员出行前，会专门派人用净水扫道。但北方少雨干旱，水源并不充足，久之，人们也只能去适应这里黄沙漫天的天气。

旅行沿途也会遇见一些专事赶车的车把式，他们或是以速度取胜，或是以稳取胜。行人只需根据自己的需要，沿途租用车子，很是方便。

所以及至清朝中叶，部分地区的百姓在出行前，便不再准备交通工具，而是直接在路途中租车或者租船。

身处江南之地的清代人，旅行则要方便许多，常常舟车并济。江浙百姓若是出行，只需到渡口花上百文钱，就能乘船而下。某些地方的渡船更为便宜，清代汉阳的船渡，百文钱都足够买下一艘小船，顺流而下，欣赏沿途大好风光了。

清代最难行的应该属蜀道，唐代诗人李白曾说“蜀道难，难于上青天”，这个出行难题到了清代也并没有获得解决。

蜀道难行，在于蜀地多山脉，山道狭窄只能容一人通行，常常一边临着深渊，一边挨着陡峭的绝壁。若是行水路，此地水流多有变化，河道中也常有暗流，有时还会出现河道变浅，难以行舟的现象，舟车轿辇，在这里都不方便出行。

旅行除了考虑交通工具，住宿也是一大问题。对于旅行中的住宿，清代人的解决方法五花八门。官家住驿站，商旅住客栈、民宿，前不着村后不着店的时候，民宿和寺庙、道观都是不错的选择，而露宿野外或夜宿船家也时常在所难免。

民宿是最常见的选择，民间有大致的收费标准。也可以宿在寺院道观，不过并非免费，有的寺庙会用香火钱的方式收取费用。走水路的，或是兴致所致，或是为节省费用，干脆直接住在船上。

旅行需要大量的银两，尤其在清代，交通不方便，物流不便捷，为了能让一场旅行完美谢幕，在出行前，都会提前准备好银两。

但那些日常随身的行李本就不太好拿，更何况若是遭遇小偷惦记，财物反而可能变成催命的符咒。

清代有专门为商旅护航的镖局，但此类镖局要价不菲，因此聘请得起镖局的，大多是一些运货的大型商队。

对于清代普通的旅行者而言，最实用的还是“邸店”，在出行前设定好目的地，把物品放在“邸店”，等人到达某座城市之后，再去领回行李。

也有一些开遍全国的家族式商铺受此启发，专门设有为旅行者保存钱财的“柜坊”，方便随时取用。

有的清代人旅行也会携带家仆，或找志同道合的友人结伴而行。一来是出门在外，行李沉重，需要肩挑担扛。二来路上万一遇到歹人劫匪，也好有个照应。

曾有记载，江浙一带有一文人，因官场不得志，打算游遍全国名山大川，在美如画的风景里，疏解自己郁郁不得志的情怀。这件事情看似很洒脱，但实际情况是，为了这次出行，他雇了三艘游船，竟有两艘都用来盛载行李和仆从。

第2章

旅途中的栖息——住宿

在安土重迁的清代社会，离乡背井并不常见。每遇重大节日，人们外出郊游也多是一日内来回，所以，官员与百姓凡是外出，住宿是一大问题。

清代旅舍又称旅店、客栈，是专供百姓与过往商贾住宿的地方。若是皇帝出巡则有行宫供其食宿。

暮色沉沉，奔走了一天的行人已经疲惫不堪，若是再找不到客栈，这一晚他们就要在野外露宿。深秋的野外即使没有匪徒宵小，豺狼野兽，单说寒风刺骨也不是一般人能承受得住的。又行了大约十里，远远望见官道一边似有客栈，圆形的灯笼在门口随风摇曳，走近看，客栈的门框上还贴着“未晚先投宿，鸡鸣早看天”的对联。

行人敲开客栈大门，内有小厮领着他们找了一间空房，又给他们拎上一壶热水，供其洗漱饮用。这些人出门在外，对住宿环境的要求很低，可以遮风挡雨，又有热水洗漱饮用，已经是再好不过了。第二天，天刚蒙蒙亮，客人就赶紧起床赶路了，一晚上的睡眠已经为他们补充好了体力，他们得赶在下一个天黑前，到达下一家客栈。

另一行士人公卿并没有和这些人一起居住在客栈里，他们选择继续行路。大概一炷香的时间后，官道一侧出现了一家“私馆”，这里的食宿条件比之前普通行人居住的客栈要好许多。私馆里不仅为这些人准备了热茶、热水，还有一些饭食，到了晚上，还会安排专门的守夜更夫敲梆报时，提醒沿路住宿者，小心火烛，收好财物。

连续几日，行路依然在继续，这一天他们没有再遇见客栈、私馆，但野外露宿的风险实在是太高了，深夜赶路也并不安全，这行人陷入了两难的境地。争执中，一人提出在附近有一寺院可以借宿，但是寺庙并不在官道附近。若想到寺庙借宿，需要偏离官道，约行五六里才能到达，众人协商一致后，开始转向寺庙。

这些寺院最早时只接纳游方的僧人，后来随着借宿人增多，也逐渐开始接纳俗客。尤其是一些赶考的文人，因寺院房舍雅致、环境幽静，常常投宿于此。寺院和民间客店、旅馆相比，不必向官方交税。寺庙内的收费分两种，一种是借宿客人的布施，另一种是寺庙明确张贴费用，收取的钱将被用于寺庙的建设或者对穷人施粥这类公益上。

众人深夜入寺，一路会有小沙弥点灯将他们引入寺庙后面的客房中，第二日这些人可以自行离去，也可以到前厅留一些香油钱。

除了这些行旅或者商贾、仕卿住宿外，一些外放或者远行办案的官员，则可以选择住在驿站。驿站兴起之初，是为了方便通信的需要。清代，官道上每隔一段距离就会设置一个驿站，为信使提供食宿，或者供他们换车、换马。后来这些驿站除了信使驿卒外，也开始接待过往官员。

清代疆域辽阔，所设驿站共有两千余所，遍及全国各地。

清代的驿站其实是由驿、站、塘、台、所、铺六种组织形式构成的。驿的主要任务是传递通信、传递紧急公文和接待过往官员食宿、运送官物等。

官道上一行车马正是刚刚被皇帝外放至承德的刘大人，随行的还有其父母内眷及文书，杂役、奴仆。这一行人到达驿站，已是临近黄昏，早有刘大人身边的管事拿了其官牒文书敲开了驿站大门，驿站里的官吏集体出迎，大人及家眷被领进了驿站后的住宿处，热茶、热饭，还有杂役的随行伺候。两方的杂役们帮忙将车上的财物卸下来，又牵着骡子、驴到后面喂食。

驿站内有驿夫、马夫、兽医、驿皂、杠抬夫等，负责喂养马匹、递送公文、抬轿、运物等工作。一般的驿站内，每两匹马就会有一名驿夫。一些比较大的官道上，一个驿站内常常有驿夫一二百名，即使较小的驿站，拥有七八十名驿夫的也不在少数，有些偏僻地方的驿站，驿夫只有二三十名。这些驿夫的待遇三六九等，越是繁华的驿站，所得的费用越高，驿夫的工银也越多，而那些偏僻的驿站，一年见不到工银的事情，也时有发生。

清代驿夫数量庞大，光绪年间，全国共有驿夫 74859 名，这些驿夫的工银，就占去驿站一年收入的五分之一。

清代全国各地驿夫的名目繁多，旱驿有杠夫，轿夫、囤养夫、长夫、短夫、走递夫、募夫等，水驿则有水夫、纤夫等。

驿站为官府所设，官员投宿无须花费银两，甚至可以在驿站内借了马匹、木车使用。各省险要之地，驿站的粮草、马匹数量往往很少，因此这些驿站主要负责紧急公文的传递，不承担官员留宿职能，官员至此，要么选择继续行到下一处驿站，要么选择私馆或者客栈。

驿站就是军报所，负责各地军情及公文传送，若官员在沿途遇见紧急案情，也可以通过驿站，送到京城之地，上达天听。

清代在甘肃安西州，新疆哈密厅、镇西厅设塘，方便将京城内的文报送到这些地方，塘也不供旅途中的官员借宿。

铺是清代规模最庞大的官府驿站，每十五里就有一铺，每铺有铺司一名，铺兵四名，一般为青壮之人，从附近的农户里征集而来，每月可以领税粮，不需再去做杂项差役。

铺主要也是负责各地公文的转运，如六部下发的各项政策，尤其是一些急递铺，专门负责传送地方和中央的寻常公文，严禁任何官员役使铺兵挑送官物及行李等。

驿站都是官办的，客栈、私馆是清代允许经营的，除了这些还有一个地方可以供往来的民人、商贾、官员等住宿，那就是民宿。民宿并不属于经营的产业，所以并不需要向官府缴纳税银。

民宿的居住环境条件不一，有些民宿是附近的名门望族将无人居住的庄园拿出来，供往来的客人留宿，这些庄园里环境优美，小桥楼阁，流水假山，布置得十分精妙。庄园里还种植着果树和菜蔬，留宿的客人们也可以自行采摘。

这些名门望族将庄园让出来，一方面是为了方便过往的行人，另一方面则是为了广结善缘，有时候庄园内也会招待一些官员或者赶考的文人，这些人脉在日后也许会成为庄园主人的一笔财富。

还有一种民宿是普通人的住宅，清代民风淳朴，若遇到投宿者，大多都会迎进家门，热水热饭地招待。一般留宿民宅的人，出发前也会相应留下一些金银或是各种礼物。

除官店和私人旅舍外，从春秋时代起，还有一种高级的宾馆和旅店，用于接待外国商旅和高级使节。清代有“会同馆”和专门接待日本使节的“扶桑馆”，接待朝鲜客人的“新罗馆”。而安置中亚、西亚使者和商旅，也有专门的馆或邸。馆和邸是清代一种特殊的，而且较高级的住宿寓所，满足了商贸交流的住宿所需。

在交通并不发达的清代，并非所有人都有机会远行，且旅行在当时也是一件极其耗费体力和精力的事情。出行时若能找到一处可以供栖息的地方，整个旅途也就能惬意许多。

可以看出，清代人虽然出行依然不多，但衣食住行作为人生的大事，“行”中的“住”更是需要做好万全的准备。因此，“家贫路富”“穷家富路”是出行的理念。

第3章

纵然风尘仆仆，饮食不肯将就

清代人注重舌尖上的享受，尤其是一代君王，即使在旅途中，饮食也既丰富多彩，又别具当地风味特色。

清代皇帝若是南巡与东巡，则需要有十几位御厨相随，这些御厨中有人擅长主食，有人擅长茶点，有人擅长炒菜，他们会负责皇帝一路的饭食，并随时根据所经之处的特色食材，烹饪出满足皇帝口腹之欲的饭食。

康熙帝是一位爱出巡的皇帝，乾隆帝在这一方面继承了其祖父，其在位六十年期间，曾率领皇室人员，先后六次南巡，到扬州及江南苏州、杭州一带巡视。

前四次出巡，乾隆帝带了皇太后、皇后、妃嫔众人，随同南巡的包括王公大臣、京中侍卫等，其随行人数最多曾达到两千五百多人。

清代人认为，皇帝的个人安危关系着一个国家的根本，所以每一次皇帝出巡，在前一年就开始进行周密的准备。指定专门负责人员，提前与所经之地方官员沟通，考察出巡道路，制定完美的出巡路线，修桥铺路，修葺行宫。

乾隆帝及皇室人员，六次南巡，每次出巡需要消耗大量白银，沿途衣食住行，无一不是极尽铺张，豪华奢靡。

清代的庶民百姓，沿途中的饮食大多数视情况而定，若是荒郊野外，啃冷馒头、冷饼的情况也不在少数。

但是对于皇帝而言，无论在任何情况下，都要保持天子的威仪，饮食更是方方面面都不能简单行事。皇帝出巡每到达一地，就要在行宫大摆筵席，除了随行的王公大臣可以入座以外，地方文武官员、休职老臣、命妇等都可以入席，这样的机会，对于一些品级较低的官员而言，是莫大的荣耀。

即使是在旅途中，皇帝的筵席规格和在皇宫内也没有什么两样，《江南节次照常膳底档》曾记载了一次接驾场景。

正月十八卯正时刻，随行的宦官请驾伺候，给刚刚醒来的皇帝奉上一盏冰糖炖燕窝，待皇帝用完，洗漱休息后，卯正二刻，行宫里的御膳房里就开始热闹起来，菜品边做边上，不可因等待时间过长而让其变冷，也不能准备时间过长，让皇帝等待。御膳房的厨子们早已将皇帝的饮食习惯牢记。皇帝刚坐在膳桌边，内侍就为其整理好了桌子和衣服，门外御膳房内此时送来第一道菜品。御膳房内的侍卫并不能接近龙颜，需要皇帝身边的内侍在门外接了饭菜，再摆到桌上。

第一道菜是皇太后前一天晚上点的炒肉炖酸菜热锅，热锅是用红砂做成，极具保温效果，一路走来，锅内汤汁还在咕噜噜翻滚着，酸菜混着被切成均匀薄片的大肉，大火炒成，再加入少量骨汤，小火慢炖，酸菜的酸、脆、嫩就着白肉的香、醇，让皇帝赞叹不已。

随后内侍端上燕窝锅烧鸭子、猪肉包子，包子只有半个手掌大，皮薄馅大，猪肉只选了精瘦肉，细细剁了之后，用麻油调和，一口咬开，面皮筋道，猪肉鲜香。

还有燕窝肥鸡锅、挂炉鸭子野菜热锅、厢子豆腐、羊肉片、竹卷小馒首、烤祭神糕、银葵花盒小菜、银碟小菜陆陆续续也被送来。膳桌很快被摆满，随行的内侍站在一边服侍皇帝用餐。

正月十七，福隆安传旨，明日皇帝将在紫泉行宫赏赐众人晚宴。正月十八很快就到，未正时刻，所有文武朝臣、命妇、致仕旧僚都穿上了朝袍，皇帝行至御膳桌坐下，众人参拜。随后茶膳坊福隆安大人为众人送上一盏奶茶，奶茶味咸，是用新鲜羊奶和酥油冲成，羊奶滑顺，酥油香醇。

奶茶过后，开始传膳，膳食都是御膳房刚刚做好，还在火炉上小火保温的，一张折叠桌子很快就被摆满，一道莲子八宝鸭子热锅，一盘肥鸡火熏炖白菜，莲子猪肚、青笋香菇炖肉、水晶丸子、奶酥油野鸭子率先被端上桌子。

行宫里瞬间各色香气弥漫，随后还有青笋爆炒鸡、摊鸡蛋、蒸肥鸡、炸羊羔、象眼棋饼小馒首、荤素馅包子、烤祭神糕、银葵花盒小菜、四样银碟小菜、咸肉。

众人吃得差不多后，内官又上粳米膳一道、菌菇素鸡汤一品、饽饽奶子一道。除了这些都一样的御膳之外，文武朝臣的饭菜是随着官员等级而分开的，如三品及以上官员将被分到八道炉食、银盘盛着的各类肉食两盘、饽饽两份、羊肉一道，而四品及以下的官员、命妇们则只有四样炉食，分别是烤肥羊、挂炉鸭子、挂炉肥鸡、咸菜大肉。最后还为皇帝及在场官员每人准备了一碗元宵。

众人其乐融融用过晚宴后，在行宫外还有花炮表演，隆隆的炮响，为这个节日增添了喜庆之意。回宫后，皇帝又用了几道菜品，有一品火熏猪肚、小葱拌豆腐和涿州饼子。

除了这些皇宫内例行的饭菜之外，有时候御膳房还会根据当天的特色食材烹饪美食，如杭州清明茶鲜香十足，就命了内侍一大早采摘了还带有露珠的茶叶尖子，回来后将嫩茶和鸭子一起放进锅里小火慢炖，最后鸭肉脱骨，鸭汤也变成了浅绿色。再将最上层的浮油撇去，鸭肉和鸭汤分别用器皿盛着摆上了御膳桌。

有时候皇帝也会在行宫内的狩猎场狩猎，此时若是能猎到野兔、鹿、狍子等，则会由士兵送进御膳房，或炸，或炖，或蒸，有时候一只兔子就能做出十余种菜肴。

除了饭菜种类的繁多之外，为了让皇帝在行宫之内喝上新鲜的奶茶，在一年之前，就往行宫里送去了乳牛 75 头、御膳房用羊 1000 头，并派有专人在那里饲养。

每天也有冰块、泉水从京城送往各地行宫，泉水是香山宜景园里的，若是入了山东境内，则从济南的珍珠泉里取水。若是皇帝一行已经进入了江苏境内，则会从镇江金山取水。入了浙江境内，则从杭州取虎跑泉水。

除了盛宴这样丰富的饮食，皇帝即使在旅途中，饮食也遵循着日常的各种规律，如晨起后会吃一份点心，包子或者杏仁酥等，点心做什么则在头一天就确定好了。饭后会和朝臣议事，结束后的这一餐会比较丰富，有百十道菜，其中以鲁菜和东北的炖菜为主，但如果皇帝已经进入了苏州、扬州等地，御膳桌上还会增添一些当地风味的特色菜品，若是冬季出巡，还要有火锅和热奶茶。

晚上那一餐则比较简单一些，皇帝随点随做，一般会有几名御厨在养心殿前面的小御膳房来做，当然若是在旅途中，则会在行宫内的御膳房里做。

日常里，皇帝的饮食比较规律，所以纵然是在旅途中，风尘仆仆，但饮食丝毫不能有一丝的马虎和将就。

第4章

舟船轿辇，不过是依势而行

“从前的日色变得慢，车、马、邮件都慢，一生只够爱一个人。”这样的故事看上去很美，可是这毕竟是诗，不是生活。

真实的生活是，清代人离开故土，南地北迁讨生活，在没有便捷交通工具的时代，漫漫路程依然是一件舟车劳顿、春行冬至的事情。

当第一声春雷惊醒了冬眠的动物，被寒风围困了一冬的人们也开始伸伸懒腰，准备迎接新的生活。无论是南货北卖的商人，还是准备外出求学的读书人，下地的耕种人，抑或是在朝廷当差的官员，在经过萧条的冬天之后，都要准备出行。

但即便在交通业并不发达的清代，不同地区的交通，依然有着明显的地域差别。

北方多陆路，南方多河流，不一样的地理环境，意味着人们出行需要换乘不同的交通工具。

乾隆时期的京城内，车流不息，除了传统的马车、驴车、骡车，人力车和大鞍车也逐渐盛行开了。

乾隆年间，出行乘驴车、骡车在官员之间成为一种时尚。至光绪年间，随着东西方文化的交流融合，畜力车极为发达，甚至曾经专属于皇宫内院的马车都已经成为京都路上的寻常车辆。

王公贵族，富家巨室，几乎家家都备有马车，为了彰显家底的富足，甚至在马车的装饰上都颇费心思，香囊锦带、玲珑环佩统统系在车窗两侧，更有一些大户人家会在马车上挂上各府的标识。

光绪年间编撰的《都门纪略》曾这样描述："驰骋香车石道旁，女儿也自意扬扬，催鞭赶过天桥去，环髻都城堕马妆。"畜力车在京城的盛行可见一斑。

繁忙的春播结束后，花团锦簇的夏日来袭，京城外景色宜人，赋闲在家的达官贵人们在相互投了拜帖之后，相约去城外寺庙里拜佛祈愿。清代的官员偕家眷出行，大多乘坐驴车、骡车，后来为了乘车舒适及私密性，人们在骡车上加装了车篷，并在两侧开门。套车的也从驴子、骡子变成两匹马至三匹马等，人们称这样的车子为大鞍车或小鞍车。

但这样的车子并非所有人都有资格乘坐的，家中有三品及以上官员才能乘坐大鞍车。从某种意义上说，从之前的驴车、骡车、马车到后面的大鞍车、人力车，这样的车子不仅提高了出行速度，缩短了在路上的时间，更是一种对社会高阶层身份的彰显。

但毕竟不是所有的人都有这样的雅兴，也有一小部分人会瞅准这个商机，用独轮车运送一些水、小吃、针织刺绣、钗环镯饰等，守在山脚下等待出游的人们买一些，赚取家用。

这种运货的独轮车，轮子用木头做成，木轮子上是一块儿木板，木板的面积一般都不会太小，上面可以放一些重物，大一些的独轮车甚至可以承载上千斤的货物。这也就是为什么有些独轮车会在车前拴上绳子，前面有人拉绳，后面有人推车。

对于绝大多数的小贩而言，独轮车所承载的货物不必太多，有利于便捷出行，车行起来方便小贩运货，车停就是一个摊子，简单而便捷。

我国江南多水路，山川河流相互交融，清代人为了方便出行、经商、生活等，根据需求使用舟船，正是在这样的地理环境和人文环境之下，南方的造船业得到了充分的发展。

清代的造船业不仅有运送大型货物的海船、航船、货船，还有一些方便人们出游，遍赏各地美景的香船、游船等。

江南多风流才子佳人，除了冬季河川结冰不能乘舟远行，在其余的三个季节里，总是能在江南水乡中看到文人墨客随着游船，遍赏名山大川，留下宝贵的墨迹。

除去游人赏玩的目的，江南普通人家的生活，也完全离不开舟船。大多数人的主业甚至必须用舟楫才能完成，他们或者利用船只货运经商，或者乘舟打鱼，甚至是干脆以船为家，无论是衣食住行，还是作为谋生的手段，一艘船就是一个家，有船就有了生存下去的资本。

有专门载有蚕丝布匹的船只，人们称这样的船为“丝船”，丝船的功能很明确，往返于沪杭两地之间，偶尔也会到其他的城市来收丝。

还有用来打鱼维持家用的“渔船”，专门放黄鸭的“黄鸭船”，穿梭在街边河流及河川中间收租金的“账船”，甚至还有以乞食为生的人乘坐的“敲梆船”。

秦淮河一带，有商人因当地地理位置等，专门在河流上停靠几艘画舫，专供游人登船游玩，人们称这样的船为“灯船”。

而在杭州的西湖之上，也有类似的游船，盛夏时节，清代人多会携带妻眷一起游湖，有雅客甚至会在灯船上放置一些茶具、果品、笔墨纸砚、书籍等。在夜晚徐徐吹来的夏风中，慢慢摇晃在湖中心，周围是忽明忽暗的灯火，身边是红袖添香，尝一口酒，写一句雅诗，日子再不能更惬意了。

除了普通百姓日常出行使用舟楫之外，杭州还有一种交通工具不得不提，那就是杭州的轿子，如果说舟楫是江南人在水上的一只脚，那么轿子则是江南人在陆地上的另一只脚。

清代时期，杭州的轿子分为官轿、平轿、花轿、素轿等数种。

在杭州，每逢官员出门都是要用官轿的，官轿的使用有严格的阶级划分，不同品级的官员，才能使用不同规格的官轿。但官轿也有一些相同之处，比如，官轿都是以青蓝布做轿身，轿子内的空间也相对一般的轿子要大一些，官员出行时，需要四个壮汉，前后各两名来负责抬轿，且在队伍之后有四人紧紧跟着，用于跟班替换，而在轿子前，则有管事为轿子开道。

因为官员品级不同，官轿还有四轿、八轿、显轿的区别。抬轿子的人越多，轿子越平稳，也意味着乘轿人的身份越尊贵。

清代民间的轿子则被称为平轿，平轿的装饰种类要比官轿更丰富一些。

杭州一些富户商贾之家，常常会备有平轿，他们的轿子轿身会比较大，虽然也用蓝布做轿身，但蓝布上会有家人或者绣娘绣出的各种精美刺绣等。他们家中也常常会有私人轿夫，随时准备家中用轿。

对于一些家中资金并不算富足的杭州人而言，在陆地上出行没有轿子，是一件很令人头疼的事情，也正是基于这种情况，杭州新兴出一种新的职业"轿埠"，清末时期，杭州有七十二个大轿埠，更有数也数不清的小轿埠。

"轿埠"里的轿子虽然轿身小巧，但却是一般人家出门拜客、游山玩水时不错的选择。人们可以通过直接到"轿埠"中租赁轿子，满足自己的日常所需。

杭州还有两种特殊的轿子，花轿和素轿。

新娘结婚喜庆时，乘坐的轿子为花轿，花轿把官轿和平轿的蓝轿衣换成红色轿衣，轿子四周用红绸扎出各种花卉鸟兽的样子，在花轿下系上大红彩球，寓意新人的一生炽烈而辉煌。

素轿则是用来送丧出殡，供办丧之家乘坐的。这种轿子由素仪店出租。素轿四周围以白布，讲究者还要在轿上扎白绸球。

清代的云南还有一种特殊的行业，称之为马帮，他们的交通工具相对而言更为直接，那就是马，一个马帮最少的有十余匹马，而规模大一些的马帮甚至有百余匹马。

马帮利用马为交通工具，帮人把货从一座城市运至另一座城市，驮运最近路程为百余里，最远路程达千里之远。

每一个马帮都有自己专属的行话和禁忌戒律，无论是白日还是夜晚，马帮里总会有人四周巡视，保证驮运货物的安全。

而在黑龙江等北方之地，到了寒冷的冬天，无论是陆地还是河流都会结上厚厚一层冰，舟楫骡车都难以在冰上行驶。于是冰车应运而生，清代的冰车又名冰排子，外形是一个长方形，就好像是一块儿被拆下来的床板，冰车上面铺上厚厚的一层干草，在木板之下，镶嵌铁条，目的是为了减少木板与冰块儿的摩擦，方便木板的行驶。使用冰车时，有一个人坐在冰车之上，拿一只蒿在冰上一撑，冰车就能滑得很远。

北人使马，南人擅船，自古如此。

繁华的京城，温婉的江南，秀丽的杭州，粗犷的黑龙江，各地百姓的出行都有他们独特的方式，无论是驴车、骡车、马车还是江南的舟楫轿辇，甚至包括云南驮运货物的马，黑龙江冬日方便出行的简易冰车，都是清代人智慧的结晶。他们在不同的地理环境之下，创造出了多种多样的交通形式，满足自己的出行需求。

第5章

旅行留纪念，千古留下的文雅

“旅游”一词最早出现在南北朝，南朝诗人沈约《悲哉行》：“旅游媚年春，年春媚游人。”可见古人旅游的历史源远流长。

清代，上至一国之君、官员，下至落榜书生、闲散雅士，每遇登临名胜古迹，在赏景的同时，也会作一些诗文、题记、对联，作为“到此一游”的纪念。

烟雨江南，秀水名川颇多，官员文人经过此处，大多会吟诗作对。他们或者直接在亭子内铺上纸张题诗联句，或者直接挥毫泼墨，用文字的形式，把自己对于此处风景的感慨记录下来，以供后人传诵，这是清代人最常用的一种留念方式。

金眉生在行经岳州时，题文“对此茫茫百端集，此老惓惓天下忧”，过小孤山又书对联：“有美一人，中夜闻五铢环佩；遗世独立，下游俯两点金焦。”

南昌百花洲，有阮文达题联：“枫叶荻花秋瑟瑟，闲云潭影日悠悠。”

有些题记源自在观赏了秀美的风景，内心有感，而有些则与当地的历史文化有关，相传吴城县望湖亭曾是三国时期东吴的周瑜练兵之地，于是彭玉麟在此题文：“战舰列千军，想当年小乔夫婿，破浪乘风，多少雄姿英发，今我戈船来系楫，吊古凭栏，叹几许事业兴亡，只剩口残灰劫火；湖天开一碧，看此日大地山河，落霞孤鹜，无非活泼生机，谁家铁笛暗飞声，悲歌击筑，把那些沧桑感慨，暂付与芳草斜阳。”

杭州西湖的冷泉亭至今还留着左宗棠的题联：“在山本清，泉自源头冷起；入世皆幻，峰从天外飞来。”

此外在一些著名的古刹寺院、祠庙，也时常会有文人墨客在此流连忘返之际，触景生情，题联写诗。康熙皇帝曾在游览了著名的少林寺后，御书一联：“大地山河归宝掌，中天日月绕金轮。”

清代人沈春祥在经过大梁孟子庙时，题联：“千里而来，何必曰利，亦有仁义而已矣；百世之下，莫不兴起，况于亲炙之者乎。”百菊溪于杭州送子观音庙题联：“我本是一片婆心，抱个孩儿给你；汝须行十分好事，留些阴骘与他。”

这些旅行家走到哪里，就用文字记录到哪里，用文字来记录那时的明月清风，把见闻和感受随时随地分享给其他人。

清代人最喜欢在山水间纵情，在文字记录之外，最好的方法就是画下来。这种记录直接体现出旅游者在途中的感受。

比如清代山水画家沈铨画于溪畔石崖边的《群猴图》，溪水潺流，花木葱郁。远处有猴五只，或攀枝或坐石，或仰望或下看，形神各具。笔法工致精巧，设色妍丽，令人观此图仿佛身临其境。

黄慎的《渔归图》，寥寥几笔就勾勒出深秋时节江面苍茫，远处三四渔船，并排泊岸，船内岸上，人们各自忙碌，又互有呼应的画面，不失为一幅写意山水佳作。他们把自己在旅游中见到的风土人情，用图画的形式记录下来。

清代旅游虽是皇亲、贵胄、官宦、名士的专利，但平民百姓出门近处郊游，放风筝、赶集等，也会把自己这一天最有感触的事情画下来，即使涂鸦也觉得很快乐，然后拿给街坊邻居欣赏，乐趣十足。

旅游途中，有些人也喜欢在崖壁、山石等地方刻字，这也是为后世留下纪念的一种方式。

游到兴致高涨的时候，在一块石头或一处崖壁上刻下自己的感受，既能体现自己的文化品位，又能抒发自己当时的情愫。若是遇见后人同游此处，甚至会引为知己，许多诗词碑刻就是这么成为经典的。

旅游碑刻起始东晋，唐宋流行，元代衰落，明清又繁荣起来。“桂林山水甲天下”这句诗谁都熟悉，出自桂林独秀峰的摩崖石刻，是南宋诗人王正功的七律《劝驾诗》第二首中的一句："桂林山水甲天下，玉碧罗青意可参。"本意是借由桂林山水鼓励此地的举子们努力学习。

而在试图用某种方法留住美景的方面，恐怕没有谁能有乾隆帝的大手笔。乾隆喜欢江南风光，在一次南巡过程中，因看上了无锡惠山脚下的寄畅园，又不能长久地待在那里，索性回京之后，立刻让工匠按照当时临摹的纸样，建一个同样的园子，也就是现在的颐和园。

颐和园内除了寄畅园的模仿，其他具有江南特色的园林建筑也比比皆是，昆明湖、苏州街等都是其他景致微缩版复制品。

苏州的狮子林是乾隆的最爱，他初次观赏元代画家倪瓒的《狮子林图》时，喜欢得不得了，几次南巡后都去游赏，最后在畅春园建了一座狮子林。

乾隆把很多江南美景的微缩版复制到京城的皇家园林里，邀王公大臣前来一起观赏。后来这个方法也被一些达官显贵们效仿，也相继把一些其他地方的美景，用一种缩影或者完全模仿照搬的方法，从一个地方迁移到另一个地方，满足了自己经常能见到这些美景的愿望。

有些人游玩后，喜欢用写诗唱和的方式，赢得朋友们的参与。江苏一位举人因官场不顺，干脆赋闲在家，每日养花莳草。某日他闻得泰山景色之美，索性邀好友一同登泰山赏景，并在泰山顶上，一起论诗。像他们这样用诗交流旅行心得体会的不在少数，也是一大乐趣吧。

也有些人为了方便给他人的旅行提供帮助，会将自己的旅行路线绘制成地图，地图中标注哪些地方需要乘舟，哪些地方需要步行，哪些地方有匪患，哪些地方景色秀美等。

除了这些远足旅行，清代人也会在一些特殊的节日里郊外踏青，这种情况下，大多数人会邀请朋友一同前往。在午后选择一处景色秀丽之地，几人围在一起，曲水流觞，吟诗作对，感叹祖国大好河山的壮丽。

在自然面前，山水之美让人世间的是非恩怨都淡了。纵然仕途坎坷，但人生的旅途也能写下优美的风光诗篇，风景从来只属于懂它的人。心随山水走，诗意般生活，在旅行的过程中，不断地发现自己，天人合一，是旅行的大境界。

第十辑

繁花锦绣，无关风月

第1章

那时的广告业独具一格，如火如荼

清代夏仁虎《旧京琐记·市肆》记载："旧日都门市肆亦颇留心广告之术，特极幼稚耳。如黑猴公之帽铺，柜上踞一大黑猴，雷万春之鹿角胶，门上挂大鹿角。某扇铺之檐际悬一大扇。皆是引人注意。"

此文中的"广告"，其含义已经与现代的广告意义接近。京城作为清代的权力中心，这里从来都不缺达官贵人、富商巨贾。在这里经营的商人们，也从来不必担心产品货物价格昂贵，无人有足够的财力购买。商人们需要的只是一个精妙的"点子"，用最小的付出挑开这些富人的钱袋子。为了让这些富人主动购物，京城的广告业逐渐繁盛起来。

"声响广告"可能是最早期的一种广告形式了，古人通过简短而高亢的吆喝，吸引客人购买货物。到了清代，这种口头上的广告，已经发展得极为艺术化。各种唱卖吆喝声抑扬顿挫，广告词或文雅或诙谐幽默，婉转动人。

有些商人过多地追求吆喝的艺术感，忽略吆喝的真正目的，造成有时连声吆喝数次，竟没能表达出自己究竟在卖些什么。但更多的商贩在长期吆喝的过程中，总结出一套属于自己的独特方式，他们的吆喝声艺术性与实用性兼备。如清代清晨街头卖粥卖饼的商贩，其吆喝词大多是："喝粥嘞，喝粥嘞，十里香喝热的嘞。炸了一个焦嘞，烹得一个脆嘞，像个小粮船，好大的个儿嘞。"也有人吆喝油炸的果子："油炸的果子，油又香欸，面儿白，皮儿酥，吃进嘴里赛烧鹅欸。还有水饭豆子多啊，汤青豆儿绿肠肚香哟。"这些唱词不仅体现了所卖何物，还生动形象地将所卖食物的色香味表现得淋漓尽

致。商贩抑扬顿挫的吟唱，也瞬间勾起了行人的食欲。

一些行商因吆喝时间久了，嗓子生疾，声音沙哑而不亮。经验丰富者便开始借助一些响器，他们走街串巷，或打鼓，或敲铜锣，或用木槌，吸引客人的注意。

经年累月，每种响器也被赋予了独特的广告含义，比如杂耍艺人靠打锣吸引观众，京城人只要闻锣响，走出家门必然能见到杂耍艺人身背木质小箱，箱里装着蹬轮、爬梯、铁环等物件。箱子最上面大多都蹲着一只小猴，杂耍艺人边走边敲锣，等到身边逐渐围了一圈观众之后，才放下箱子，就地开始表演。

京城内有收废旧物品的商贩，常用鼓声代替吆喝。还有一些卖糖果茶食的，他们手握一把铜铃，边走边摇，当作吸引顾客的手段。

若说走街串巷的商贩们用吆喝招揽生意，那么招幌就是众多店铺首选的门面广告。

清代一些店铺门口常常悬挂各式幌子，幌子上用形象的图案代替文字，向大众展示店铺售卖物品。例如京城南市街新开张的一家酒肆，为了能让过往行人一眼明白店内售卖的货物，老板在店铺门口悬挂了两面朱褐色的幌子，幌子上画有两个酒坛，即使目不识丁者，见到酒坛，便也明白其为酒肆。

有些店铺所挂之物是商品的模型，如城西的烟袋铺子，铺子门前悬挂的幌子不是布旗，而是一支木质的大烟袋。旁边的颜料铺子挂的是一根五彩圆棍，卖炭的悬挂炭块儿，卖鱼的悬挂木鱼……众人皆用木材雕刻成“广告”招揽生意。

除了幌子，有些店铺的招牌也是一种广告形式。创建于同治年间的“瑞蚨祥”绸缎店，其店铺名寓意瑞气吉祥，财源茂盛。

一些店铺已经不满足于简单的幌子，为了招揽客人，他们铆足了劲儿装饰。城北新开的客栈正是这类偏好装饰的代表，客栈有三层，底层为大堂，多是一些平民来此消费。二层为雅间，文人墨客和城中的显贵们多爱这里的清静。三层为外来旅客居住的地方。

客栈新开，门口足足悬挂了二十八盏水红色的灯笼，灯笼顺着客栈屋檐走势悬挂，或长或圆。每到晚上，二十八盏灯笼一起点亮，成了当时京城里的一大盛景。

除了门口的广告，客栈的墙壁上也可以张贴广告。一层大堂内的墙壁上，用简单的图文和数字，图文并茂地描述出所卖饭菜的价格，每日还有一些低价饭菜，吸引了大量的平民百姓前来品尝。

清代有一些出身贫寒的文人，为了温饱，常用诗文为一些店铺打广告。当然也有一些名声较大的店铺，甚至会专门邀请文人，为店铺作诗。

道光年间，诗人杨静亭在品尝了汇丰斋的金糕后，赞其味道甜香酥美，还特意作诗一首：“南楂不与北楂同，妙制金糕数汇丰。色比胭脂甜若蜜，解醒清食有兼功。”一首诗使这家店铺名声大作，生意大振，收益盈丰。

民间市场上，常见一种草标广告，这种广告形式最早可追究到汉代。最早的草标不仅可以放在货物之上，还可以插在人的头发中，意味着人和物品都是可以售卖的。那时一些家境贫寒的人家，为生活所迫，只能在女儿的头顶上插上一根枯草，寓意着卖身为奴。

草标广告发展到清代，其售卖物品多为农人家的果蔬青菜。清代京城内北市街道，每天清晨天空还是灰蒙蒙一片，几颗晓星稀疏挂着，城外的一些农人，或用独轮车，或用扁担箩筐挑着白薯、蔬菜、鱼虾等进城了。

京城有专门为这些农人划定的集贸市场，他们把货物放在市场，随手捡一根草，插在所要售卖的货品上，一些卖活鸡鸭，卖花盆、黄土的商贩也会插草标。

这么做只是因为有些商贩不会吆喝叫卖，只是沉默蹲在一边。而那些没有插着草标的货物，也会让客人误以为是别的府邸提前订好的，只等取货。这样就出现了买家不问，卖家不吆喝的现象，影响了正常的生意。

清代民间还有一些形式广告，这些人的名字并不被人熟知，人们说起时，也都是在其姓氏后加上所售物品，久之，便形成了独特的广告。如京城的“王麻子刀剪”“赵子玉蛐蛐罐”“鸽哨胡家”“徐家金鱼”“赖汤圆”“马家卤鸡”。

若是有人街头偶遇，寒暄之中询问要到哪去，对方的回答也大多是“到李记白水羊头家称二斤羊肉”或者是“去徐家买几条金鱼”之类。这些姓氏广告在当地都有极好的声誉，且因为名字接地气，朗朗上口，很容易口耳相传。

清代末期随着报刊的兴起，报纸广告也逐渐流行起来，光绪三十三年（1907年），《政治官报》上明文刊登了代登广告的章程。

除了以上形式，清代的商人们还利用门匾、年画等多种形式对商品进行宣传，清代的广告业在中西方文化的冲击交融中，如火如荼地发展着。

第2章

琉璃厂，学生放学的好去处

琉璃厂之名始于元代，兴起之初便是官窑所在地，后经过几朝的更迭发展，规模更大，知名度也更高，直至清康熙年间，琉璃厂不再烧制琉璃瓦，这一带渐渐成了汉人官员居住的地方。

但琉璃厂逐渐热闹起来，还是因为后来的灯市，起先只有一两家在这做一些小生意，再后来又有几家藏书、藏画等书画门店在此落户。

而到了乾隆年间，琉璃厂才真正成为文人墨客的集聚之地。那时，上至公卿，下至黎民，但凡想买笔墨纸砚、古董、字画、碑帖、书籍、南纸等，都会到这里选上一二。

乾隆三十八年（1773年），乾隆下令开设四库馆，要求举全国之力编纂《四库全书》。此举更促进了琉璃厂的繁荣发展，一时间琉璃厂内书贾云集，文人出入，空前繁荣。随着各类书籍流入京城，琉璃厂一时竟成了京城文人学士的“公共图书馆”。

琉璃厂的书肆里靠墙摆放了一排排与身同高的书柜，上面列着成套的历史典籍、名家收藏，若是有学生到这里有什么书寻不到的，也只需要问一问掌柜的，隔不上几天，再来时，就能见到曾遍寻不见的书，现在已经竖立在书柜之上了。

琉璃厂在清代一度是读书人心中的圣地，无论是赶考的学子，还是学堂里读书的学生，甚至于在朝堂上谈论朝廷大事的文臣，他们时常到此查阅文典，搜罗古书，并进行古籍的编纂和校勘。清代《四库全书》的编纂完成，琉璃厂书肆可谓功不可没。

孙殿起在《琉璃厂小志》中，曾统计清末到民国年间，琉璃厂先后经营的书肆约 213 家，常年保持者至少 70 家，由此可知当时此处书店的繁盛。

王方翁是康熙年间的秀才，年轻时到京城赶考，后来便再也没回去。他在琉璃厂西侧有一套两进的四方小院，前院摆设几张桌椅，收了几位平民家孩子做学生，日常教授一些孔孟之道。

他的学堂里，每日上午上课，下午早早就放了学，时间久了，学生怕早早回家后被大人约束，干脆每天一放学，几个人就奔到了琉璃厂内的各家店铺里。

清代京城曾汇集过千千万万赶考的外地学子，京城内的朝内文臣、文人雅士也并不算少，这些人若是需要买书、笔墨纸砚、雅玩之物，无一例外都会选择到琉璃厂去。

琉璃厂有三魂，其一为古书典籍，其二为店铺的门庭匾额，其三便是笔墨纸砚、文玩清供。

在琉璃厂做生意，门庭匾额不能轻视。

门庭匾额乃是一家店铺的脸面，琉璃厂又是文人雅士聚集之地，更不容忽视。一来匾额上的字号名讲究典雅、庄重，否则“名不正则店不顺”。二来匾额皆出自名家之手，上面的字体或遒劲洒脱、明快大方，或雄壮有力、笔锋暗藏。

客人进店前，往往先观其匾额，若店名和字体都符合心意，则可能视店主为知己，生意自然就来了。

文人墨客云集的地方，自然少不了笔墨纸砚、文玩清供。

学生们到琉璃厂除了买书，就是买笔墨纸砚这些常用的文具，自己用或者作为赠送友人的礼物。

同窗好友之间人情往来，也时常会需要送一些小礼物。但贵重的金银玉石又不是随便就能买得起，于是送一套好的文房四宝，也算是一份雅礼。

乾隆时期，文人墨客所用的文房器具，不仅材质多样，种类也很丰富。所谓文房四宝，笔墨纸砚只是其中的最简单的配置，笔屏、砚屏、墨罐、笔船，铜墨斗、笔掭等同样属于这四宝之中。

相比普通学生对文案清供的朴素追求，文人雅士喜欢的更为珍贵精致。

某日一文臣经过琉璃厂，瞬间被一套文房墨砚吸引住了目光，在松花石盒里，整齐摆放着珐琅水盛、汉白玉双喜笔屏、宣窑青花白地墨罐、碧玉天鹿压纸、玛瑙水注等二十八件，其中笔屏、墨罐都是新出现的种类形制，装潢精美，可谓极尽奢靡。文臣花费近一千两白银才将它购买回家。

除去笔墨纸砚，琉璃厂内还有一些刻在书房内摆放做装饰的小物件，大学士纪昀曾在琉璃厂购买了一件黄花梨蟠螭纹帖架。帖架折叠式，雕饰蟠螭纹，下设抽屉一具，可存放古帖和文房小件，形制少见。其木纹华美，透雕工艺精细，包浆润泽，为明清之际小件黄花梨家具之精品，且历经多年，保存良好。以此临帖，颇可体会笔意之精妙。

琉璃厂的掌柜们也都有一些旁人意想不到的本事，比如有些掌柜擅长古书字画的修补。曾有一位商人在江南收了一幅明代的《江南烟雨图》，但因存放问题，到京城才发觉，古画因季节潮湿，旅途颠簸，画纸已经多处受损。

琉璃厂的一位张姓掌柜的，花费了整整一个月的时间，才将此画修补完成。并且虽然经过后世修补，竟然丝毫看不出破绽，一时成为奇谈。

琉璃厂内虽然古董字画珍品不少，但赝品也并不少见。文人墨客们来这购买古董字画，为了保证真品，大多习惯去名家店铺。

偶有一些博学之士，趁着闲暇，会到琉璃厂内的小摊上捡漏，而街道两侧，每天一大早就来赶集的小商小贩手中的物品就成了他们的第一目标。

这些商贩手中的物品，有些古拙可爱，有些精致小巧，有些极具历史沧桑感，也有一些只是当世的手工艺品。

这就考验他们的文化修养了，有人一掷千金可能买回去的只是一个赝品，也有人仅用几两银子就能淘到价值千金的珍品。

但不管怎样，琉璃厂在清代因其独特的社会文化环境，逐渐成了学子、文人墨客的常留之地。

琉璃厂，一个不该被遗忘的文化归属地。它见证过《四库全书》的编纂，汇集过进京赶考的举人，留下过千百文人墨客往返的足迹。它曾作为北京的“文化重镇”，引得四方文人墨客慕名而至。

第3章

天桥下，贫民粗茶淡饭过后的喧嚣

清代天桥是整座京城都闻名的市井喧嚣之地，那里行业众多，店铺林立，留下了许多市井逸事，蕴含着丰富的商业文化。

天桥其实是一座南北向的桥，修建之初，天子祭天、祭先农要从这里经过，故而被称为天桥。商人开店取名很有讲究，而为一座城市里的建筑取名自然也和当时的思潮有关，一座天桥仿佛从名字上就被打上了深深的时代烙印，而后它由于京城这座城市的文化气息而闻名。

京城作为清代的都城，有着深厚的文化底蕴，浓浓的文化气息。天桥是清代民间艺人练把式的地方，是百戏杂练的市井喧嚣之地，是贫民粗茶过后慢品生活之地。乾隆年间的易顺鼎的一首《天桥曲》，从贩夫走卒讨生活，到天子祭天，栩栩如生地描绘了当年的天桥盛景。

天桥下有走南闯北，足迹遍四海的商人；有读书万卷，一心考取功名的读书人；还有靠五花八门的手艺吃饭的小商小贩。后来，天桥下出现了茶馆、酒肆和各种娱乐场子，卖艺、说书、唱曲的艺人们也在这里安了家。天桥，逐渐成了外城的中心。

易顺鼎说："酒旗戏鼓天桥市，多少游人不忆家。"

清代的天桥是许多民间艺术的发祥地。艺人们露天设场卖艺讨巧。当时在这里卖艺、学艺、传艺的民间艺人就有三五百人。当时的艺人甚至不需要搭台子，就地画一个白圈，就算是给自己确定了演出场子，这一个圈就是艺人的饭碗。

清代的天桥之所以能成为文化中心，其中一个原因就在其项目繁多、技艺高超的杂耍表演上，要中幡、拉弓、拉洋片、举刀、滑稽戏、抖空竹、爬杆、硬气功、崩铁链……样样都有人玩儿得风生水起。

清代，京城有些混得还不错的杂耍艺人居住在天桥附近，这里不仅是他们的“职场”，也是他们的家。

天上的弯月尚没有完全隐去的时候，天桥住着的杂耍艺人就已经陆陆续续醒来，木桶沉入井底搅得井水哗啦作响的声音，做饭时锅碗瓢盆的撞击声，人们或重或轻的交谈声，锻炼身体的呼喝声，各色声音交杂在一起，唤醒了天桥的清晨。

简单吃了早饭，这些杂耍艺人呼啦啦就收拾好了自己的家当，或步行，或用独轮车推到天桥下的固定摊位，开始了一天的忙碌。

城门打开，城内与城外人来人往川流不息时，天桥附近的人们也逐渐开始增多，这时一些杂耍艺人已经开始行动了，他们先用白粉画出一个圈，几个人站在圈中，一人手持铜锣，锣槌快速敲击铜锣，清脆而急促的锣声迅速吸引了街上行人的目光。

一位大汉站在白圈中，数九寒天里，他却只穿一件短背心，腰上缠着一段拇指粗的铁链，大汉在圈中来来回回地走，时不时向逐渐靠拢过来的行人展示一下铁链的强度，一步一行中铁链被他攥得哗啦啦直响。

须臾，大汉见白圈外已经围了三层行人，知道已经不能继续卖关子，于是将双手重新放在铁链上，在摆了几个动作之后，大喝一声，铁链应声而断，周围行人喝彩不断。为了维护气势和美感，他甚至在表演中压制自己的情绪，纵然因为刚刚扯断铁链身上已是大汗淋漓，脸上却不动声色。崩铁链之后，虽然大汉一时不能继续表演硬气功，但周围好不容易围起来的行人自然不能放弃，于是杂耍班子里的其他人就开始陆续上场。

杂耍班子里有两位姑娘擅长抖空竹，两根细长的棍子中间连着一条细长的线，就是抖空竹的工具，在她们的手中，空竹时飞时转，快速地旋转中，空竹发出嗡嗡之声。

也有身体柔韧之人擅长爬杆，杂耍戏班子在白圈里竖起一根长有四五米的杆子，杆子很细，大约不过壮年人的胳膊粗，杂耍人双手抱杆，噌噌噌几下人就已经爬到杆子顶部，而后他们会在杆子顶部做出一系列高难度的动作，如倒立、站杆、扯顺风旗等。

有些杂耍艺人见不能在这些高难度动作中做出创新，于是就将杆子的长度一伸再伸，最长的杆子曾有八九米，竖起来，仰头望去，杆子顶部如一根细长的针，杂耍艺人爬至顶部，杆子有时还会微微弯曲，艺人随着杆子的动作，上下颤动，甚至偶尔还会做出猴子捞月等动作，惊起围观行人呼声一片。

杂耍班子最后一般用硬气功来压轴，大概是由于这些力量上的展示和视觉上的刺激更能激起看客心中的热情。于是在其他杂耍表演后，擅长硬气功的大汉再次走出，他先是拿出几张大弓，邀请围观的行人来试拉一遍，大多数人用尽全部力气，憋得脸红脖子粗也只是把弓拉出不足一半，而此时大汉轻轻松松就将弓全部拉开，有时更在杂耍艺人的帮助下，尝试左右开弓。据闻，这位大汉曾经有同时拉开四张弓的辉煌纪录。

有时候大汉也会有一些更具有感官刺激的表演，比如捋铁条和咬铁条。在表演这两项之前，早有艺人生起了火，随后将一段手指般粗细的铁棍弄弯，再将铁条放在火上烧成通红颜色，大汉会用双手把滚烫的铁条捋直。

咬铁条和捋铁条类似，但咬铁条的铁条更细一些，筷子粗细，烧红后，大汉用牙齿一段段将铁条咬断。在表演这些时，稍有不慎大汉就会被烫伤，在身上留下许多疤痕。

也有一些杂耍艺人虽然没有表演硬气功的真功夫，也做不来爬杆、抖空竹、车技这些灵巧的杂耍，于是干脆将目光投到一些外物之上，如拉洋片。表演者在四周安装有镜孔的木箱里装上数张图片，这些图片通常是一个完整的故事，采用灯具照明。有观众想看时，先交上几文钱，而后将眼睛放在木箱的洞孔处，表演者在箱子外拉动绳索，操作里面的图片卷动，画面不断变换。有些表演者会用锣、鼓、镲这三样乐器做配合，借着图画做一些说唱来讲解图片内容。

当然天桥下也会有各种摊贩，卖一些胭脂水粉、竹筐竹刀、各色小吃等，偶尔也会有人推着独轮车停在围观者最多的地方，卖一些精巧之物。

当夜幕逐渐下垂时，这些艺人、小贩也开始收工，他们回到住处简单洗漱之后再次回到天桥，这一次他们是作为消费者。天桥是清代平民的乐园，不仅因为货物齐全，杂技繁多，还因为这里有不少味美价廉的小吃，姜丝排叉便是其中一样。

制作姜丝排叉时，需要将鲜姜去皮剁成碎末，用冷水和面，而后把面擀成薄薄的长条，用刀将面条切成长不足五厘米，宽不足两指的细条，拿起两片叠在一起，用刀再顺切三刀，但并不切断，而后将其放在油锅里炸，再过蜜，过蜜后的排叉呈浅黄色，有酥、甜、香的特点，食用时有明显的鲜姜味。

除了姜丝排叉还有面积不盈寸的麻花排叉等，对这种小炸食前人还有诗称赞说："全凭手艺制将来，具体面微哄小孩。锦匣蒲包装饰好，玲珑巧小见奇才。"

卖这类小炸食的小贩为了吸引买者，偶尔还会吆喝几声："大麻花，碎排叉，十样锦的花，一大一包的炸排叉。"一般家中有小孩儿的听到都会过去买上一包。

还有卖羊霜肠的一份挨一份，围着羊肠车，基本上人手一碗羊霜肠，吃得津津有味。羊霜肠类似豆汁，不仅天桥有，各个庙会都有，大街小巷也常走过推车卖羊霜肠的。小贩用羊血灌满肠子，灌好之后，放一大锅水，把一根根肠子盘码在铁锅，用开水煮沸，羊血就凝固在肠子里，肠子表面呈灰白色，有如霜包血肠。煮好的羊肠用刀切成几段，舀一勺煮羊肠的汤水，加一点盐巴、辣椒等作料，一碗羊霜肠就成了，小贩一声高呼："羊肠开锅！"锅中飘起一股特有的鲜味，馋得院里的大人孩子争相购买。

有些京城居民若是冬季没吃羊霜肠，会觉得整个嘴巴里都没滋味。羊霜肠成了当时物美价廉、味美可口的解馋食品。清代天桥类似姜丝排叉、羊霜肠这类的小吃还有许多，豆汁、爆肚、饺子都是典型的清代民间美食。

"种柳开渠已十年，旧闻应补帝京篇。天桥南望风埃小，春水溶溶到酒边。"天桥是京城文人墨客聚会、游览的风景区，他们在这里赋诗饮酒，看尽岁月沧桑。但天桥更是这些贫民掩藏在粗茶淡饭之后日复一日的生活，一座桥，承载了他们所有的喜怒哀乐，喧嚣了整个时代的印记。

第4章 清朝刮起一阵西洋风

随着清朝和西方各国的交流逐渐增多，尤其在清政府将广州确立为当时唯一对外通商口岸之后，西方各国外交使者、传教士、商人纷纷乘船跨过大洋，踏上了中国这片土地。

有人的地方就少不了饮食，西方人来到中国后在适应中国饮食习惯的同时也将“西餐”传了进来，于是西餐就从广州、上海等处的通商口岸登陆，继而传播到内地。

清代人对西餐的认知从原始粗鄙到时尚高贵，这种极端的转化当然也和当时清政府与世界各国之间实力、地位的转变分不开。

康熙初年，比利时传教士南怀仁等人就曾在编著的《御览西方要纪》书里记录了西方的烹饪方法和饮食方式，同时也将西餐文化介绍给了康熙帝。不过当时沉浸在“天朝上国”的清朝贵族对西餐实在没什么好感。尤其在他们看见过西方人用刀剑形状的餐具把泡在各种浓汤里的烤得半生不熟还渗着血水的肉一片片切下来大嚼之后，更是认为所谓的西餐都是粗鄙之人的原始饮食方式。

不过到了乾隆时期，当时有名的才子、美食家袁枚终于有幸在朋友家吃了一次西洋饼，并将制作方法记录在了《随园食单》里，书里写道：“用鸡蛋清和飞面，杵稠水放碗中。打铜夹剪一把，头上作饼形，如碟大，上下两面，铜合缝处不到一分。生烈火，撩稠水一糊、一夹、一熯，顷刻成饼，白如雪，明如绵纸。微加冰糖、松仁屑子。”这大概是同时期较为罕见的一份认同西餐文化的文献记载了。

时间一晃就到了清朝末年，“天朝”的国门最终还是被西方人的坚船利炮打开了，清朝陷入了屈辱的时期，但讽刺的是，此时西餐却终于在中国迎来第一个黄金时代。

尤其鸦片战争之后，一些中国外交官员和商人不得不开始与西方人打交道，他们自然也成了第一批品尝西式菜肴的中国食客。上行下效，吃西餐这件事就变成了一件很时尚的上等享受。而西餐风气一开，便日盛一日，大家似乎也开始接受一些西式口味，西餐在中国的地位也瞬间从“野蛮人”的食物跳到了“贵族”行列。

而随着清政府逐渐日薄西山以及洋务运动的兴起，曾经被清代人称呼为“野蛮人”“夷人”的西方人，也开始被称为“洋人”“洋大人”。一种对强者“盲目崇拜”的心态也使得曾经“粗鄙不堪”的西餐，摇身一变成为时尚、富贵的象征。

当时吃西餐最多的地方还是几个港口城市，因此若是有谁从内地到港口城市探亲访友，大家多会一起去尝一尝西餐，此时的吃西餐不仅仅是为了舌尖上那点享受，更是为了向世人展示自己的地位。

但是即便到了此时，也并不是所有人都能接受西餐的味道。曾出使欧洲的张德彝就对西餐的味道极为不喜。他曾记录下自己当时在西方人轮船上的每日饮食：“每日三次点心，两次大餐……先所食者，无非烧炙牛羊鸡鱼；再则面包、糖饼、苹果……饮则凉水、糖水、热牛奶、菜肉汤、甜苦洋酒，更有牛油、脊髓、黄薯、白饭等物。”这张菜谱清单在当下看来也许已经足够丰盛，但对于张德彝而言，滋味却实在比上自家的一个馒头，因为所有的牛羊鸡无非只是用火烤了烤，外面那层又黑又焦，里面的肉却还是生的，又腥又硬。就连鱼虾都是又酸又辣的，洋酒也又酸又苦，滋味实在难以下咽。

想来也是，作为出使官员，在国内地位可想而知，于是他们日常享用山珍海味、酸甜鲜香，滋味自然妙不可言，而当时的西餐对于传统的清代人而言实在难以接受，而且西餐当时多用煎炸的做法，故而在滋味上很难讨得清代人喜爱。

不过当时清朝皇宫里倒是真有一位喜欢吃西餐的皇帝——溥仪，大概是因为他有一位正宗的英国师傅。尤其进入夏日后，溥仪几乎每天都会要求吃西餐，而且天天不可重复。相对当时众人眼里的渗着血水的“重口味”美食，溥仪的西餐菜单要正常得多，冷热小食轮换，口味有咸有甜，有烤牛排、猪排，也有新鲜的水果、咖啡等。

这股“西餐风”在清代宫廷盛行时期主要还是集中在八国联军侵华战争后，慈禧太后从西安落魄地回到京城后，宫廷大门就被迫放下了高贵冷艳的身段，不得不敞开大门邀请某个国家的公使或是公使夫人到宫里做客。

为了请这些使者、使者夫人，从来不会做西餐的御厨们只能拿中餐有模有样地走了一遍西餐的形式，于是在美国传教士赫德兰笔下，晚清宫廷的西餐竟是这样的：“餐桌上铺着颜色十分艳丽的漆布，但是没有像样的桌布或餐巾，我们都用和手帕一样大小的五颜六色的花棉布做餐巾。没有鲜花，桌上的装饰主要是大盘小盘的糕点和水果。”更尴尬的是，当时宫廷规矩，与慈禧太后一起用膳，除了慈禧本人，无论是皇帝、皇后，还是福晋、格格都只能站着吃。

直到光绪二十八年（1902 年），美国公使妻子康格夫人邀请清廷的一票福晋、格格到美国公使馆用餐。这些格格、福晋们从餐桌怎么布置，到餐巾怎么用，刀叉怎么使，有样学样把西餐的用餐方式学了过来。从此以后，这股“西餐风”就从港口城市刮到宫廷，又从宫廷刮到了民间。

《清稗类钞》里记载：“国人食西式之饭，曰西餐……光绪朝，都会商埠已有之。至宣统时，尤为盛行。”当时西餐的价格不菲，有时一顿饭能抵一位普通工人两个月工钱，可以想见，最初的食客自然也是非富即贵，吃西餐也就成了一种身份象征。

第一次鸦片战争之后，还有一项新鲜事物和西餐一起传入中国，那就是照相机。照相技术刚刚传入时，一些官宦人家都难以接受，甚至慈禧太后将照相机称为“怪兽”。于是照相这股风潮竟是先在民间流传起来的。

在照相机传入中国之前，清代人多是让画师把自己的形象画于纸上保存，一幅画作常常需要几个月的时间，而且有些画师水平参差不齐，画像不像本人的事情也常有。但照相技术传入后，大家发现照相机不仅能快速保留下人物形象，而且十分逼真，于是照相这项事业竟很有市场。

不过清代人照相前期多是微微侧身对着相机，这源于当时人们认为正面照相，神魂会被摄入其中。不过这样愚昧的想法到了后期就逐渐消失了。除了这项，当时人们照相时无论是坐是站，都会采用全身像，一方面是因为拍一次相片不容易，自然是能显示得越多越好，而更重要的一点是，当时人认为，若是画像中出现的人物肢体不全，则有“残疾”、不吉利的意思，故而清代当时多为全身像。

随着照相技术在民间的盛行，清宫里的慈禧太后也爱上了拍照。不过作为当时中国地位最高的女性，她拍照却有很多讲究，比如只拍正面照，不拍侧面照；在同一个场景下，不同的时辰就要换上不同的衣服；拍照要有什么姿势，手里要拿什么装饰品也得反复试验多次。而且她对光线要求特别高，尤其在照片里不能显示出半明半暗来，于是摄影师常常为了拍一张照片得折腾很久。

慈禧太后自然不能随着摄影师这样折腾，于是常常是让身边摄影师对着一位宫女进行各种调整，到拍照时她再坐在那里。

当时照相除了常见的单人照、多人合影外，到了后期照相艺术深入民间，于是有些娱乐、休闲场景里也常常会见到照相机的存在，相比而言，照相竟比西餐还要亲民了。

不过对于清代末年的普通百姓而言，无论是西餐还是拍照这样的西洋时尚，对于他们的生活并没有太大影响，生活只为活下来。

第5章

如火如荼的对外商贸

清代在绝大多数人印象里大概是一个“封闭、保守”的朝代，毕竟清朝末年在西方人长枪大炮攻击下，才不得不“睁眼看世界”。但事实上，在清朝国力强盛时，一些西洋人的新鲜事物也已经乘着大船来到了中国。

当时外国商船若想从广州踏足中国土地，先得在澳门办理了通行证，然后在虎门进行一番检查，由清朝官员把船上的枪支、火炮等违禁品卸下来，然后再到黄埔港货物称重处缴关税。当时的清朝每年有40%的财政收入都来源于关税所得，而广州也被称为“天子南库”。

不过西洋人来清朝做生意，交易货币自然有讲究，在鸦片战争之前，全世界流通一种名叫“西班牙本洋”的货币，这种货币产自墨西哥，成色质地都比较好，而且当时这些货币上还印刻有各种图案纹饰，广受沿海民众的喜欢，于是这种货币就成了清朝对外贸易时最主要的流通货币。

这些西洋人的大船不仅给清政府带来了大笔关税，也将一些西洋货带了进来。这些商品里除了各种香料、棉花等普通的农副产品之外，还有一些钟表、穿衣镜、眼镜、动物皮毛、人参、西洋鼻烟壶、葡萄酒等商品。

不过当时也并不是所有人都有能力购买人参、穿衣镜、钟表这样的西洋奢侈品的，普通百姓也多是买一些价格实惠又耐用的洋布、香料等。但对于富贵人家，自鸣钟、金表、棉布、穿衣镜等这样的西洋商品却已是见惯不怪。

清朝最流行的一样西洋货当属钟表了。此时的西洋钟表造型极大，且外形上更注重精致富丽，其精雕细琢的设计也是受中国风影响，于是形成了后来风靡欧洲的洛可可风格。

这些西洋钟表漂洋过海来到中国后，一时深受清初国人的喜爱，于是一般富贵官宦人家的房间里大多都有了西洋钟作为陈设。但西洋钟毕竟体积较大，出门是不能携带的，于是有些阿哥、贝勒便喜欢随身携带一块儿核桃大小的怀表。不过此时的钟表表盘上并没有现在常见的阿拉伯数字，而是标准的时辰刻度，这些要么来自西洋但是被中国工匠加工改造过一番，要么就来自清政府设立的官营制钟作坊。

到了乾隆十四年（1749 年），西洋制式的钟表已经在当时的官宦富贵人家里普及开来，市场上钟表样式混乱，于是乾隆帝传谕给两广总督，要求确保所有上贡的钟表均为洋货。

作为一国之尊的乾隆帝当时也被这些西洋珍宝吸引，自幼年时西洋的钟表、眼镜等就已经出现在了他的生活里，这些曾流行在巴黎、伦敦的物品随着传教士和商船来到了京城，而后引起了乾隆帝对西洋物品的浓厚兴趣，有时得到了一些西洋玩具、乐器，他也会让传教士去教一些小太监学习这些乐器，甚至他还在皇宫里组织了一个西洋管弦乐队，只为了日常的娱乐。

为了能让官员放心采买，他还专门颁布一道谕旨，要求行商“买办洋钟表、西洋金珠、奇异陈设或新样器物，皆可不必惜费”。也就是说，若是这些商人见到了什么稀奇的西洋物件，不用担心价格，直接采买就行。不过因为当时的清朝商人地位低下，而当时的贵族官员又不屑和西洋人接触，于是这些往宫廷里送的钟表、珠宝、洋灯等奢侈物都交给了专门的商人，也就是当时的“买办”。于是欧洲的奢侈品就这样通过买办的手源源不断地进入了皇家宫廷，而商人离开后带走的则是大量的白银。

除了这些钟表之外，一些玻璃制品，比如西洋穿衣镜、眼镜、玻璃炕屏也已经在清代官宦富贵人家流行起来。但即便如此，这些玻璃制品的价格在当时也极为昂贵了，一台自鸣钟能卖数百两白银，而一张玻璃屏风或是一面西洋穿衣镜，市场上竟然高达数千两白银。

相对而言，棉布、西洋药品等这些日用品在中国的市场虽然没那么惊人，但却悄悄渗透到了清代人的日常生活习惯里。

各类纺织品是当时清朝的一大特产，自然进口的少，出口的多。但一些西洋药却很受大家喜欢，比如当时康熙帝被诊断出患了疟疾，就是用传教士带来的西药“金鸡纳霜”治好的。

这些西洋人带来的自鸣钟、穿衣镜、玛瑙水晶受到了清代皇室贵族的青睐，那些商人自然也在这些西洋奢侈品上赚了不少。于是除了一些工厂的正规贸易，一些走私类的私人贸易自然也悄然出现了。

这些走私人员大多是正规贸易公司的员工，他们在来中国前悄悄随身私带一些欧洲货品上岸来到中国，上岸后再到市场上找到主顾售卖出去，而返回时，再把中国货品私自带走，以此牟利。

虽然自顺治十二年（1655 年）起，清政府就实行了海禁，但中国与西方国家的贸易一直都未曾停止，顺治十八年（1661 年）广州对澳门的贸易恢复，这成了中国与西方国家唯一的贸易通道。

乾隆二十二年（1757 年）后，清政府又撤销闽、浙、江三海关，规定所有的外国商船只能在广州一地停泊贸易。于是广州因为得天独厚的地理位置，对外贸易迅速繁荣起来。广东巡抚李士桢会同两广总督吴兴祚和粤海关监督宜尔格图经过一番商讨后决定，把关税和商业税分开，由此渐渐形成了专营进出口贸易的垄断商行——“洋货行”。后来随着“洋货行”制度逐渐形成和完善，它也被称为“十三行”，是经营对外贸易的特殊机构的总称。

在当时清政府规定下，西洋人从广州上岸后，要被限制在十三行的夷馆范围内活动，而这些西洋商人在售卖完商品后也并不会直接返航，他们需要等待每年六月季风来临才能起锚回国。

于是不少西洋人便会花钱买通官员，到十三行外的地方居住，一些清朝商人也为了结交这些西洋人，偶尔也会邀请他们到戏园里看戏，或者组织一些划船等体育活动，丰富他们的生活。十三行的设立就像是清政府与西方各国贸易来往的一个窗口。

可惜的是康熙帝紧紧把西洋品当作一种业余消遣，而乾隆帝更是把西洋奢侈品当成高端的玩物，并未透过这些西洋品看到世界正在发生翻天覆地的巨变，于是清朝不可避免地走向了没落。但不可否认，在鸦片战争之前，那些停泊在广州黄埔港，漂洋过海而来的欧洲大船，那些装满了西洋货品堆积在港口上的货箱，那些行走在中国土地上和我们不同肤色、语言、服饰的西洋商人，都是清朝这个时代独特而亮眼的一道风景。

图书在版编目 (CIP) 数据

假如生活在清朝 / 欧阳茜茜著. —北京：中国法制出版社，2019.6

ISBN 978-7-5216-0314-9

Ⅰ.①假… Ⅱ.①欧… Ⅲ.①中国历史－清代－通俗读物

Ⅳ.① K249.09

中国版本图书馆 CIP 数据核字（2019）第 128915 号

策划编辑：李　佳（amberlee2014@126.com）

责任编辑：李　佳　刘冰清　　　封面设计：汪要军

假如生活在清朝

JIARU SHENGHUO ZAI QINGCHAO

著者 / 欧阳茜茜

经销 / 新华书店

印刷 / 三河市国英印务有限公司

开本 / 710 毫米 ×1000 毫米　16 开　　　印张 / 14　字数 / 199 千

版次 / 2019 年 6 月第 1 版　　　2019 年 6 月第 1 次印刷

中国法制出版社出版

书号 ISBN 978-7-5216-0314-9　　　定价：42.00 元

北京西单横二条 2 号　邮政编码 100031　　　传真：010-66031119

网址：http://www.zgfzs.com　　　**编辑部电话：010-66034985**

市场营销部电话：010-66017726　　　**邮购部电话：010-66033288**

（如有印装质量问题，请与本社印务部联系调换。电话：010-66032926）